話すための
表現英文法
トレーニング

田中茂範・監修・著
岡本茂紀・著

Grammar
Training
for
Communication

はじめに

　英文法は、何かを英語で表現するために必要不可欠なものです。英語という言語の特徴は、まさにその文法のありようによって説明されるのです。文法力が表現力を支えているのです。したがって、文法の力を鍛えることなくして、英語でコミュニケーションを行う力を身につけることはできません。

　文法力を鍛えるためには、トレーニングが必要です。スポーツ選手は考え抜かれたエクササイズをこなすことでトレーニングを行います。到達したい目標があり、それを効果的に達成するために一連のエクササイズを組み、それを実践すること、これがトレーニングです。「英文法のエクササイズ」と聞いて、多くの人は受験勉強のための問題集を思い浮かべるでしょう。そこには、多様なエクササイズがあります。英文和訳、和文英訳、語句の並べ替え、書き換え、空所補充、表現選択、正誤判定、誤りの訂正、などの問題がそうです。それぞれの問題には、ちゃんと意味があるはずです。例えば、正誤判定問題や誤りの訂正問題は、自己編集力（self-editing competence）を鍛えるのに有効です。

　しかし、問題は、学習者の多くが、何のための文法問題かを自覚しないまま、ひたすら課題をこなしているという現実です。実は教師も、例えば、なんのために語句の並べ替え問題をやっているかについてはっきりと自覚していないことがあるのではないでしょうか。ねらいを定めないで、エクササイズを消化していっても、文法力を鍛えるという効果は得られません。トレーニングの目的を明確にすること、これは文法トレーニングをする際にも必須な課題だと思います。これが、近頃感じていることのひとつです。

　実は、もうひとつ、英文法の学習で感じていることがあります。それは、英文法の学習にリアリティがない、ということです。「リアリティがない」とは、実際の生の英語と英文法の学習に「乖離」があるということで

● はじめに

す。「文法をやっても英語は使えるようにならない」という人がいます。そして、それに同感する人も少なくないはずです。それはここでいう「乖離」が原因だろうと思います。表現のための文法学習ではなく、文法のための文法学習になっているということです。しかし、冒頭で述べたように、本来、文法力が表現力を支えているのです。だとすれば、文法をやらなければ英語は自由に使えるようにならない、と主張すべきです。しかし、この主張が意味をもつためには、英文法の学習にリアリティを取り戻す必要があります。そのためには、文法のための文法学習から、authentic（自然な英語としてふさわしい）で meaningful（意味ある、理解可能な）で personal（自分の興味・関心に合う）な文法学習にシフトさせていかなければなりません。本書は、『表現英文法増補改訂版』(2015, コスモピア) の練習帳です。『表現英文法トレーニング』という題を冠しているように、これは表現のための英文法のトレーニングです。

　本書のトレーニングは、「リアリティのある問題を作ろう」を合言葉にして作成したものです。本書の制作は、コスモピアの坂本由子さんの提案によるものですが、共著者として岡本茂紀さんに加わっていただきました。岡本さんは、私がはじめて英語教育雑誌に記事を書く機会を与えてくれ、その編集をしてくれた方です。そして、その時の編集長が坂本由子さんでした。この度、縁があって 25 年ぶりの 3 人のコラボレーションが実現しました。

　『表現英文法［増補改訂版］』の練習帳として活用していただけたら幸いです。

2015 年 3 月
田中茂範

Contents

はじめに ……………………………………………………………… 2
本書の基本的な考え方………………………………………………… 8
本書の音声ダウンロードについて…………………………………… 14

第1部　名詞の文法 …………………………………………… 15

Part 1 名詞形を選ぶ …………………………………………………… 16
　　Training 1　（短い英文中の名詞の形を選択する）………………… 17
　　Training 2　（イラストに合った名詞の形を選択する）…………… 18
　　Training 3　（メールや会話などで、言いたいこと・書きたいことに応じて
　　　　　　　　名詞の形を選択する）……………………………… 20

Part 2 数量を表す ……………………………………………………… 22
　　Training 　（イラストに合った「数量詞＋名詞」の形を選択する）…… 23

Part 3 前から情報を追加する［前置修飾］………………………… 24
　　Training 1　（英文中の限定詞・複数の形容詞の順序を並べ替える）……… 25
　　Training 2　（イラストに合った「-ing / -en 形容詞＋名詞」の形を選択する） 26

Part 4 後ろから情報を追加する［後置修飾］……………………… 28
　　Training 1　（イラストの事物を説明するのに適した後置修飾の句を用いる）… 29
　　Training 2　（適切な後置修飾の句を使って、提示された状況を説明する）… 30
　　Training 3　（適切な関係詞節を使って、提示された状況を説明する）……… 32

Part 5 代名詞・指示詞を使う ………………………………………… 34
　　Training 　（状況・文脈に合った代名詞・指示詞を選択する）…………… 35

Part 6 名詞節「〜ということ」「〜かということ」……………… 36
　　Training 1　（状況・文脈に合った名詞節を用いる）……………… 37
　　Training 2　（Twitter で、名詞節を使ってツイートする）………… 38

第1部　総合問題 ……………………………………………………… 40
第1部　解答・解説 …………………………………………………… 45

第2部　動詞の文法 …………………………………………… 51

動詞のふたつの重要ポイント ………………………………………… 52
　　1.　テンス（時制）とアスペクト（相）………………………… 52
　　2.　BE / HAVE / -ING のネットワーク…………………………… 53

Part 1 現在のことについて語る ……………………………………… 54
　　Training 1　（動詞に注意して写真にキャプションをつける）……………… 55
　　Training 2　（現在単純形・現在進行形・現在完了形から、

● Contents

　　　　　　　　内容上適切なものを選択する) ……………………………… 56
　　　Training 3　(イラスト中の動作・状況に合った英文を完成させる) ………… 58
Part 2 過去を回想して語る ……………………………………………………… 60
　　　Training 1　(過去単純形・過去進行形・過去完了形から、
　　　　　　　　内容上適切なものを選択する) ……………………………… 61
　　　Training 2　(日記や報告書などで、出来事や状況に応じて
　　　　　　　　述語動詞の形を選択する) …………………………………… 62
　　　Training 3　(出来事の発生順や進行状況を表す資料を見ながら、
　　　　　　　　適切な述語動詞の形を選択する) …………………………… 64
Part 3 未来を展望して語る ……………………………………………………… 66
　　　Training 1　(現在単純形・現在進行形・be going to などから、
　　　　　　　　内容上適切なものを選択する) ……………………………… 67
　　　Training 2　(予定表を見ながら、適切な述語動詞の形を選択する) ………… 68
Part 4 話し手の態度を表す [法助動詞] ………………………………………… 70
　　　Training 1　(話者の判断・立場・確信の度合いなどに応じて、
　　　　　　　　適切な法助動詞を選択する) ………………………………… 71
　　　Training 2　(指示書・説明書などの中で、内容に応じて
　　　　　　　　適切な法助動詞を選択する) ………………………………… 72
Part 5 態　対象に視点を置いて語る …………………………………………… 74
　　　Training 1　(イラストの状況にかんがみて、受動態表現を使うかどうか
　　　　　　　　判断する) ……………………………………………………… 75
　　　Training 2　(短い英文中の疑似受動態と適切な前置詞を結び付ける) ……… 77
　　　Training 3　(新聞記事などまとまった英文中の態や前置詞の誤りを
　　　　　　　　校正する) ……………………………………………………… 78
Part 6「動詞＋α」の8つの型 ………………………………………………… 80
　　　Training 1　(動詞の後に適切な語句を続け、業務報告・業務連絡を行う
　　　　　　　　文を完成させる) ……………………………………………… 82
　　　Training 2　(話者の気持ちになって動詞に続く適切な語句を続けて
　　　　　　　　文を完成させる) ……………………………………………… 84
Part 7 形容詞構文　判断・評価を加える ……………………………………… 86
　　　Training 1　(話者の判断・評価に合った形容詞構文を選択する①) ………… 87
　　　Training 2　(話者の判断・評価に合った形容詞構文を選択する②) ………… 88
　　　Training 3　(感情を表す形容詞と適切な前置詞を組み合わせる) …………… 89
第 2 部　総合問題 ……………………………………………………………………… 90
第 2 部　解答・解説 …………………………………………………………………… 95

第 3 部　副詞の文法 ………………………………………………… 105
Part 1 強弱濃淡のアクセントをつける ………………………………………… 106
　　　Training 1　(提示された強弱の程度に応じて適切な副詞を選び、

　　　　　　　会話を完成させる）………………………………………………… 107
　　　　Training 2　（写実的な副詞表現・相関構文を用いて英文を書き換える）… 109

Part 2 発話態度を表す …………………………………………………………… 110
　　　　Training 1　（提示された「話題の幅」に応じて適切な副詞を選択する）… 111
　　　　Training 2　（話し手の心の状況を表すイラストに応じて、
　　　　　　　　　　適切な副詞表現を選び英文を完成させる）………………… 112
　　　　Training 3　（会話の文脈に応じて、適切な副詞表現を選び
　　　　　　　　　　英文を完成させる）……………………………………………… 114

Part 3 さまざまな情報を表す ………………………………………………… 116
　　　　§1　時間 ………………………………………………………………………… 116
　　　　Training 1　（スケジュール表を見ながら、出来事を表す英文に適切な
　　　　　　　　　　時間表現を加える）……………………………………………… 117
　　　　§2　場所 ………………………………………………………………………… 118
　　　　Training 2　（地図を見ながら、適切な位置表現を使って道順を
　　　　　　　　　　英語で説明する）………………………………………………… 119
　　　　§3　頻度 ………………………………………………………………………… 120
　　　　Training 3　（生活習慣などを尋ねるアンケートの結果を見て、
　　　　　　　　　　人物のライフスタイルを説明する）…………………………… 121
　　　　§4　様態・付帯状況 …………………………………………………………… 122
　　　　Training 4　（文意に応じた適切な様態・付帯状況を表す
　　　　　　　　　　副詞表現を選択する）…………………………………………… 123
　　　　§5　手段・道具 ………………………………………………………………… 124
　　　　Training 5　（文意に応じた適切な手段・道具を表す副詞表現を選択する） 125
　　　　§6　目的・結果 ………………………………………………………………… 126
　　　　Training 6　（提示された目的・結果に応じて、
　　　　　　　　　　適切な副詞表現を選択する）…………………………………… 127

Part 4 空間的意味を表す前置詞 ……………………………………………… 128
　　　　Training 1　（文意に応じた適切な前置詞を選択する）…………………… 129
　　　　Training 2　（イラストに合った前置詞を選択し、説明文を完成させる）… 130
　　　　Training 3　（イラストに合った前置詞を選択し、説明文を完成させる）… 132

Part 5 副詞の位置 ………………………………………………………………… 134
　　　　Training 1　（提示された状況やニュアンスに応じて、
　　　　　　　　　　適切な副詞の位置を選ぶ）…………………………………… 135
　　　　Training 2　（提示された副詞を適切な位置で用いて、英文を完成させる） 136

　　第3部　総合問題 …………………………………………………………………… 138
　　第3部　解答・解説 ………………………………………………………………… 143

第4部　情報配列と構文 ……………………………… 151
Part 1 情報を並べる基本 ………………………………………………………… 152
　　　　Training 1　（適切な主語を立てて、提示された文意を表現する

6

Contents

　　　　　　　　　　英文を完成させる） ……………………………………… 153
　　　　Training 2　（異なる主語を用いて、同じ意味を表す
　　　　　　　　　　英文を2種類作る） ……………………………………… 154
　　　　Training 3　（文脈に応じて主語を選び、会話を完成させる） ………… 156

Part 2 情報をつなげる接続詞 …………………………………………………… 158
　　　　Training 1　（接続詞に応じて適切な情報を結び付ける） …………………… 159
　　　　Training 2　（提示された情報・状況を適切に表現する、
　　　　　　　　　　「時を表す節を導く連結詞」を選択する） ……………………… 160
　　　　Training 3　（提示された情報・状況を適切に表現する、
　　　　　　　　　　「理由・条件…を表す節を導く連結詞」を選択する） ………… 162

Part 3 質問する・応答する ……………………………………………………… 164
　　　　Training 1　（発問と、それに対する適切な応答を結び付ける） …………… 165
　　　　Training 2　（就職面接や問診などのやりとりの中で、
　　　　　　　　　　文脈に応じた適切な発問と応答を選択する） ……………… 166

Part 4 比較構文 …………………………………………………………………… 168
　　　　Training 1　（商品レビューの中で、比較構文を適切に使い分ける ……… 169
　　　　Training 2　（ギネス記録を説明する文章の中で、
　　　　　　　　　　比較構文を適切に使い分ける） ………………………………… 171

Part 5 否定構文 …………………………………………………………………… 172
　　　　Training 1　（提示された状況を適切に表す否定構文を選択する） ………… 173
　　　　Training 2　（ふたつの否定文の意味・ニュアンスを比較する） …………… 174

Part 6 話法　誰かの発話を伝える ……………………………………………… 176
　　　　Training　　（ある会話の内容を、適切な間接話法の表現を用いて
　　　　　　　　　　別の人物に引用伝達する） ……………………………………… 177

Part 7 仮定法構文 ………………………………………………………………… 178
　　　　Training 1　（ありえないようなことについて語り合う会話の中で、
　　　　　　　　　　仮定法表現を適切に使い分ける） …………………………… 179
　　　　Training 2　（年表を見ながら、適切な仮定法表現を選択する） ………… 180
　　　　Training 3　（イラストに示された状況を見ながら、
　　　　　　　　　　適切な仮定法表現を選択する） ……………………………… 182

　　第4部　総合問題 ……………………………………………………………… 184
　　第4部　解答・解説 …………………………………………………………… 189

■総合トレーニング …………………………………………………………… 197
　　総合トレーニングの解答・解説 ……………………………………………… 214

『表現英文法［増補改訂版］』との対応インデックス ………………………… 220

本書の基本的な考え方

　本書は、いわゆる「文法問題集」ではありません。文法のための文法演習ではなく、文法を使ってさまざまなタスクを行うことを心がけた「トレーニング本」です。「文法を使う」という視点をもつことで、文法学習にリアリティを取り戻すことを心がけました。

　以下、具体的な特徴について説明します。

3つのねらいをもったエクササイズの作成

　良質のエクササイズはauthenticでmeaningfulでpersonalなものであると思います。authenticとは「自然な英語としてふさわしい」ということです。よいエクササイズにするためには、英語として自然なだけでなくタスクも自然なものである必要があります。これまで、文法問題集の英文は英語としてのauthenticityが低く、また、機械的な置き換え問題に代表されるようなタスクもリアリティに欠けるといわれてきました。そこで本書ではできるだけauthenticな英語とタスクを追及しています。meaningfulとは「意味ある、理解可能な」ということであり、学習者が納得できるということがポイントになります。いくら生の自然な英語でも有意味でなければ、学習者にとって良質のインプットとはいえません。meaningfulであるということがauthenticityの条件になるということです。authenticでmeaningfulなエクササイズを作成するということが必要となります。さらにいえば、personalな英語、エクササイズであることが望まれます。ここでいうpersonalとは、「自分の興味・関心に合う」ということであり、英語学習が他人事でなく自分事として受け止めることができるということを意味します。

「自分の英語 = my English」を育てる

　英語をpersonalなものとして扱うということは、「自分の英語（my English）」として英語をとらえるということです。「科目として英語を学ぶ」のではなく、自分の中にmy Englishを育てる、ということです。my

English とは「英語力」ということです。英語の知識を身につけても英語を自由に使うという英語力にはならないでしょう。歴史についていろいろ暗記するように、英語についていろいろ知識を蓄えても、それは「教科としての英語」であって、my English（＝英語力）への貢献は限定的となります。

そこで、authentic で meaningful で personal な英語や活動（エクササイズ）を通して、「英語を我がものにする（personalize する）」という考え方が大切だろう考えられます。

本書は、こうした考え方に沿って、エクササイズを構成しています。読者の英語力や個人的関心は多様であり、本書に含まれるエクササイズが meaningful で personal であるという条件を満たすことは決して容易ではありません。しかし、本書では、多くの読者の方々が authentic で meaningful で personal なエクササイズであると思っていただけるものを心がけました。

具体的には、日常的に行うタスクと文法を結びつけたところに本書の特徴があります。例えば、1週間の予定を書き込むには現在単純形がぴったりです。文法のための文法演習ではなく、「タスクを行うのに必要な文法」という視点をできるだけ取り入れました。

ネットワーキングの視点

本書のもうひとつの特徴は、英文法ネットワーキングの視点を取り入れ、構成しているというところにあります。まず、英文法の全体像として、モノ的世界を扱う「名詞の文法」、コト的世界を扱う「動詞の文法」、状況的世界を扱う「副詞の文法」、そして言語情報の配列を扱う「情報配列と構文」の4つのドメインを想定します。そして、それぞれのドメインを構成する道具立て（要素）を種々のネットワークとして整理しています。

背景にある考え方は、英文法力を身につけるには network-building（ネットワーク構築）の視点が重要であるということです。バラバラの知識ではなく、意味的・機能的にまとまりをもったネットワークを意識的に構成

することで、文法力は身につくだろうという考え方です。
　例えば、以下は後置修飾のネットワークです。

★後置修飾ネットワーク

名詞の後ろから情報を加える

名詞＋
- 形容詞句：a <u>man</u> strong enough to lift the stone
- 前置詞句：the <u>carp</u> in the pond
- 副詞（句）：the <u>meeting</u> tomorrow
- 現在分詞：the <u>girl</u> dancing in the rain
- 過去分詞：the <u>temple</u> built in the 14th century
- To 不定詞：the <u>game</u> to be held this week
- 同格：<u>Barack Obama</u>, President of the U.S.
- 関係代名詞節：a <u>girl</u> who is wearing a red hat
- 関係副詞節：a <u>place</u> where I want to visit this summer

　名詞の後ろから情報を加えるということにおいては共通していますが、ここでリストした表現方法は、表現者にとって選択可能なレパートリーと考えることができます。「雨の中で踊っている少女を見てごらん」という内容を表現するには、Take a look at the girl dancing in the rain. を選ぶでしょう。もちろん、Take a look at the girl who is dancing in the rain. のように、関係代名詞節で表現することも可能だし、Take a look at the girl in the rain. She is dancing. のように、前置詞句で the girl を後置修飾しておいて、改めて文情報を足すという方法もあるでしょう。
　いずれにせよ、後置修飾のネットワークがあれば、豊かに情報追加をすることができるということです。

　キーワードは"network building"です。単語でもネットワーク学習法が大切であるということを『語彙を増やす★英単語ネットワーク』（コスモピア）で強調しました。英文法も同じです。単語の学習には、意味的に関連した単語をネットワークするという「語彙間ネットワーク」（interlexical network）と単語内のさまざまな語義をネットワークするという「語彙内ネットワーク」(intralexical network) のふたつがあり、その両方が大切です。英文法の場合もまったく同じです。

例えば、未来を展望して語るための表現ネットワークには will do、will be doing、be going to do、be planning to do、be scheduled to do、intend to do などが含まれますが、will に注目すれば、さまざまな用法があり、それがひとつのネットワークを形成しています。

★未来を展望して語るための表現ネットワーク
（文法間ネットワーク）

will do
〜するつもりだ
I will do my best.
ベストをつくすつもりだ。

will be doing
〜していることだろう
I will be waiting for you.
あなたを待ってるよ。

will have done
未来のある時点までに何らかの状態になっている
We'll have been married for 10 years on October 10th.
10月10日には結婚して10年になります。

現在形 do
確実な未来
He leaves for New York tomorrow.
彼は明日ニューヨークに発つ。

未来を展望して語るための表現ネットワーク

現在進行形 be doing
何かがすでに始まっている
We're having a party tonight.
今夜はパーティーだよ。

be going to do
予定になっている／すでに行為に向かっている
I'm going to get a new house soon.
まもなく新しい家を買うつもりだ。

その他のいろいろな未来表現

be planning to do / be scheduled to do / want to do / be supposed to do / expect to do / be willing to do / wish to do など

★ will の用法のネットワーク（文法内ネットワーク）

意志の表明

I will go right now.
今すぐ行くよ。

If he will come, I will be delighted.
彼が来るというのなら、私はとてもうれしい。

I'll never give up.
決してあきらめないぞ。

相手の意志に言及、相手の意志を問う

You will do it for me.
私のためにやってくれるんでしょう。

You will have your own way.
君は自分の思いどおりにするんだろう。

Will you do it for me?
私のためにそれをやってくれませんか。

will の用法のネットワーク

意志の推量

She will do it for me.
彼女は私のためにそれをしてくれるだろう。

He'll never do it for you.
彼は君のためには決してそれをしないだろう。

A bear will not touch a dead body.
クマは死体には触らないものだ。

推量

It will rain tomorrow.
明日は雨になるだろう。

I'll get well soon.
すぐによくなるでしょう。

Everything will be all right.
すべてうまくいくだろう。

　前ページの「未来を展望して語るためのネットワーク」は**文法間ネットワーク**（inter-grammatical network）で、上の「will の用法のネットワーク」は will という単独の文法項目に注目し、その中での用法をネットワークするという意味において**文法内ネットワーク**（intra-grammatical network）だといえます。

　文法間ネットワークと文法内ネットワークの両面に注目する必要がありますが、can のネットワーク、make のネットワーク、have のネットワークなど文法内ネットワークについては本書の姉妹書である『表現英文法 [増

補改訂版]』を参考にしていただくこととし、本書では、17の文法トピックを選び、それぞれの文法間ネットワークを示しています。

整理・定着・実践の流れ

本書のトレーニングは、整理・定着・実践の流れを通して行われます。

第1は、「整理」で文法項目をひとつのネットワークに整理するということです。文法ネットワークは、あることを表現する際の文法的なレパートリーを提供してくれます。個別的に学んだ知識を有機的に連携するネットワークにすることで、文法知識を文法力に変える準備が整うはずです。

第2に、ネットワーク化された知識の定着の段階です。ここでは、いわゆる演習を行うことに主眼が置かれます。知識は実際に使ってみることで、より深く、より強力になります。整理によって全体像を理解して、定着によって実践の知に換えていくということです。

そして、第3に、知識を実践の場で使うことが必要です。トレーニングなので、実践といっても疑似的なものですが、実際に日常の中で英語を使うような場面を想定することで、英文法の学習（トレーニング）にリアリティを与えることができるはずです。

第2と第3ステージは、定着、実践とねらいは異なりますが、本書ではできるだけauthenticでmeaningfulな練習を提供しているはずです。それをさらにpersonalにするのは、読者の皆様ひとりひとりです。文法力、英語で表現するための文法の力が、ひとりひとりの内に育ったとき、英語はpersonalなもの（my English）になるのです。

整理→定着→実践の流れでトレーニングは進みますが、実践→整理の流れを加えることで、文法力が身についていくはずです。

本書の音声ダウンロードについて

　本書のトレーニングに関わる英文の音声（mp3 形式）が、弊社のダウンロード・ステーションから無料でダウンロードできます。音声は解答部分が収録されています。何がポイントの問題だったのか、意識しながら聞いて、自分が発話する場合に迷わずにその表現が出てくるように練習しましょう。問題を解き終わった後に、(1) 何も見ないで聞く　(2) テキストを見て英文と意味を確認する　(3) 英文を見ながら音声を聞き、声に出す　(4) テキストを見ないで音声だけを聞いて声に出す（シャドーイング）　(5) 音声を聞かずに意味を考えながら英文を音読する　という手順でやるのも定着させるのに効果的な方法です。

ダウンロードステーション　http://www.cosmopier.com/downloadstation/

＊トラック番号は本書のトレーニングページの、ページを表す数字の横に表示されています。

Part	Training	Track 番号	Part	Training	Track 番号
第 1 部　名詞の文法			第 3 部　副詞の文法		
Part 1	Training 1	2	Part 1	Training 1	44/45
	Training 2	音声なし		Training 2	46
	Training 3	3/4	Part 2	Training 1	47
Part 2	Training	5		Training 2	48
Part 3	Training 1	6		Training 3	49
	Training 2	7	Part 3 　§ 1		50
Part 4	Training 1	音声なし	§ 2		51
	Training 2	8	§ 3		52
	Training 3	9	§ 4		53
Part 5	Training	10	§ 5		54
Part 6	Training 1	11	§ 6		55
	Training 2	12	Part 4	Training 1	56
第 1 部　総合問題		13-16		Training 2	57
				Training 3	58
第 2 部　動詞の文法			Part 5	Training 1	59
Part 1	Training 1	17		Training 2	60
	Training 2	18	第 3 部　総合問題		61-64
	Training 3	19			
Part 2	Training 1	20	第 4 部　情報配列と構文の文法		
	Training 2	21/22	Part 1	Training 1	65
	Training 3	23/24		Training 2	66
Part 3	Training 1	25		Training 3	67/68
	Training 2	26/27	Part 2	Training 1	69
Part 4	Training 1	28		Training 2	70
	Training 2	29/30		Training 3	71
Part 5	Training 1	31	Part 3	Training 1	72
	Training 2	32		Training 2	73/74
	Training 3	33/34	Part 4	Training 1	75/76
Part 6	Training 1	35		Training 2	77
	Training 2	36	Part 5	Training 1	78
Part 7	Training 1	37		Training 2	79
	Training 2	38	Part 6	Training	80
	Training 3	39	Part 7	Training 1	81
第 2 部　総合問題		40-43		Training 2	82/83
				Training 3	84
			第 4 部　総合問題		85-88
			総合トレーニング		89-99

第1部

名詞の文法

何かについて語るには、モノすなわち名詞について語ることが必要です。ここでは、名詞に関わる文法の中でも、次の6つのポイントを重点的にトレーニングします。

Part 1 名詞形を選ぶ
Part 2 数量を表す
Part 3 前から情報を追加する［前置修飾］
Part 4 後ろから情報を追加する［後置修飾］
Part 5 代名詞・指示詞を使う
Part 6 名詞節「〜ということ」「〜かということ」

PART 1 名詞形を選ぶ

　名詞形のネットワークは、まず、表現する対象のありように合わせた名詞形を選ぶ「対象認知」（心の中）の段階と「実際に英語を使う行為」（表現）の2段階があります。

　対象認知の段階では、「a + 名詞」か「0 + 名詞」（無冠詞）か「名詞の複数形」が選択肢になります。実際に英語を使う段階では、相手が情報を共有しているかどうかでtheを使うかどうかが決まります。（共有していればtheを使う）

　このため、5つの名詞形（[例] an apple, apple, apples, the apple, the apples）がネットワークの構成要素になります。

名詞形のネットワーク

対象認知（心の中）　　　　行為の次元（表現）

対象の捉え方　　　　　　　情報共有の有無

名詞形
- 可算形
  - [a(n) + 名詞] an apple
    - 無：[a(n)+ 名詞] **an apple**
    - 有：[the+ 名詞] **the apple**
  - [名詞の複数形] apples
    - 無：[名詞の複数形] **apples**
    - 有：[the+名詞の複数形] **the apples**
- 不可算形
  - [ゼロ（0）+名詞] apple
    - 無：[0+ 名詞] **apple**
    - 有：[the + 名詞] **the apple**

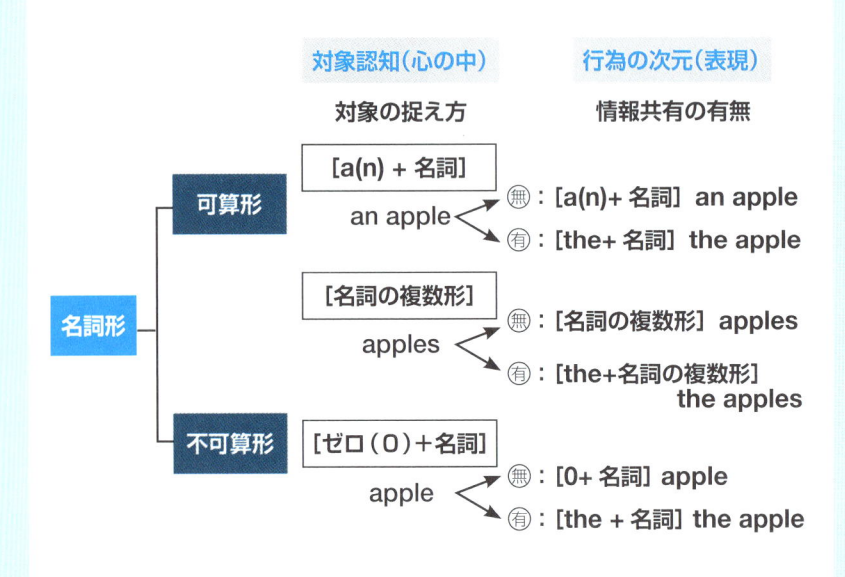

Training ①

適切な語句をひとつずつ選び、日本語が示す事柄・内容を英語で述べてください。

(1) 意外にも、その著名なピアニストは学校でピアノを専攻したわけではなかった。
Surprisingly, the famous pianist did not specialize in [(A) piano / (B) a piano / (C) the piano] in college.

(2) 今朝、朝食を食べているときに、うっかり卵をシャツにつけてしまった。
I accidentally got [(A) egg / (B) an egg / (C) the eggs] on my shirt when I had breakfast this morning.

(3) リチャードは、なかなかのやり手だという感じがする。
I have [(A) feeling / (B) a feeling / (C) feelings] that Richard is a real go-getter.

(4) 最近は、最低でも週に3回はジムに通っている。
Recently, I've been going to the gym at least three times [(A) week / (B) a week / (C) the week].

(5) 組織再編を経て、マーク・ヘンダーソン氏が同社の会長に就任した。
After the restructuring, Mr. Mark Henderson was appointed [(A) chairman / (B) a chairman / (C) the chairman] of the company.

(6) 医師の話では、父は転院して手術を受けなければならないという。
The doctor told me that my father needs to go to another hospital for [(A) surgery / (B) a surgery / (C) surgeries].

(7) そのウェブサイトの大きな目的は、不動産価格に関する情報提供だ。
The main purpose of the website is to provide [(A) information / (B) an information / (C) informations] on real-estate prices.

Training ②

各イラストに描かれている物事を英語で言い表すには、どちらの語句を選ぶのが適切でしょうか。

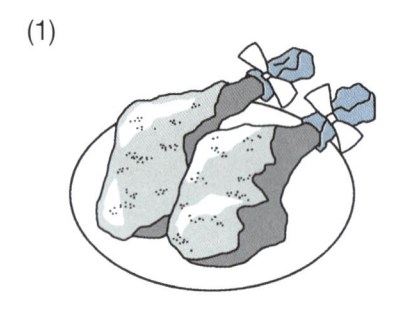

(1)

(A) two chickens
(B) two pieces of chicken

(2)

(A) an orange
(B) some orange

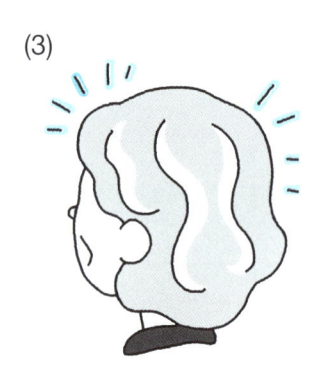

(3)

(A) gray hair
(B) gray hairs

(4)

(A) a coffee
(B) some coffees

Part 1 ● 名詞形を選ぶ

(5)

(A) a water
(B) waters

(6)

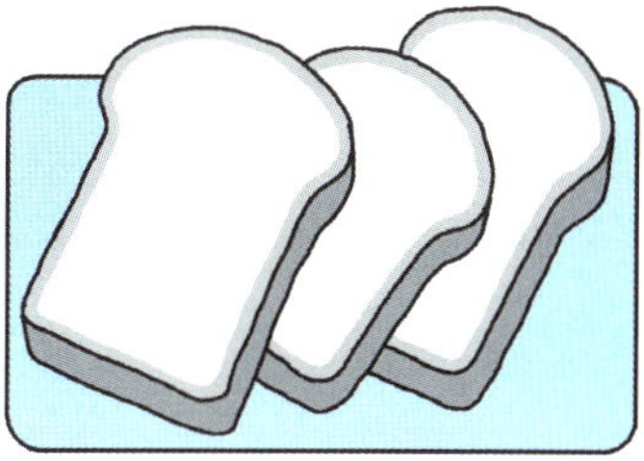

(A) bread
(B) breads

(7)

(A) a furniture
(B) a piece of furniture

(8)

(A) clothes
(B) clothings

19

Training ③

冠詞や単複に注意しながらカッコ内の語句を適切な形に変化させて、英語でEメールやSNSのメッセージを書いてください。

(1)

To: steven-d@electroasia.com
From: jullian-o@electroasia.com
Subject: New Project

Hi Steve,

I received (A)[e-mail] from Ms. Wetton at (B)[headquarter] this morning. We were given (C)[approval] to go ahead with our proposed project.

I think we need to discuss the project details immediately in order to make (D)[start], so could you call a section meeting by the end of this week?

Thanks,
Jullian

(2)

A: Why don't we have (A) [lunch] tomorrow?
18:41

B: Why not? (B) [Chinese food] again?
18:43

A: No, I'm tired of that.
18:44

B: What about going to (C)[curry] place?
18:52

A: Good idea. I know a great Indian restaurant.
18:53

B: But I'd like to have (D) [Thai curry] actually.
18:55

PART 2 数量を表す

　数量詞のネットワークとそれに関連した計量詞のネットワークは、名詞が指す対象の数量を表すものです。
　数量の場合は、「すべてある」から「なにもない」までの幅があり、その幅の中で多いか少ないかを表現する単語が、数量詞ネットワークの構成要素です。
　計量詞は、文字通り、質量名詞が指す対象を計量して表現するもので、「容器」「分断」「単位」によるものがあります。

数量詞のネットワーク

	何もない	少ない	いくらか	多い		すべてある
可算名詞	no	a few	some several any	many a lot of... plenty of... enough...	most	all
不可算名詞	no	a little	some any	much a lot of... plenty of... enough	most	all

その他：both（両方の）、either（どちらかの）、neither（どちらも〜ない）、every（どの〜も）、each（それぞれの）

計量詞ネットワーク

容器
a bucket of (water) / a bag of (potato chips)
a cup of (coffee) / a pot of (tea)
a mug of (beer) / a glass of (juice)
a bottle of (wine) / a carton of (milk)

分断
a bar of (chocolate)
a piece of (cake)
a slice of (bread)
a sheet of (paper)

計量詞

単位
a drop of (water) / a gram of (sugar) / a head of (garlic) / a chunk of (meat) / a stick of (gum) / an ear of (corn)

Training

各イラストに描かれている物事を英語で言い表すには、どちらの語句を選ぶのが適切でしょうか。

(1) [(A) Few / (B) A few] cookies are left on the plate.

(2) We found [(A) a great deal of / (B) a number of] money in the suitcase.

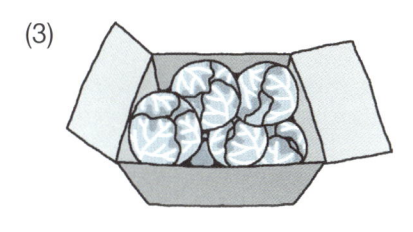

(3) How many [(A) pieces / (B) heads] of cabbage are in the carton?

(4) She eats up [(A) a bar of / (B) a sheet of] chocolate in just a few minutes.

(5) She is about to slice [(A) a lump of / (B) a loaf of] bread for breakfast.

(6) The boy has gotten [(A) a bunch of / (B) a chunk of] grapes for dessert.

PART 3
前から情報を追加する [前置修飾]

　名詞を前から修飾する方法（前置修飾）には決まりがあり、それを配列のネットワークとして理解しておくと名詞の文法力を高めるのに有効です。まず、配列の順序があります。強意語と限定詞は数が限られているため、その要素をリストとして押さえることができます。

　問題は、形容詞の部分ですが、形容詞として機能する表現（過去分詞や現在分詞など）と形容詞の配列の傾向性を押さえておけば、前置修飾のネットワークを整理することができます。

前置修飾ネットワーク

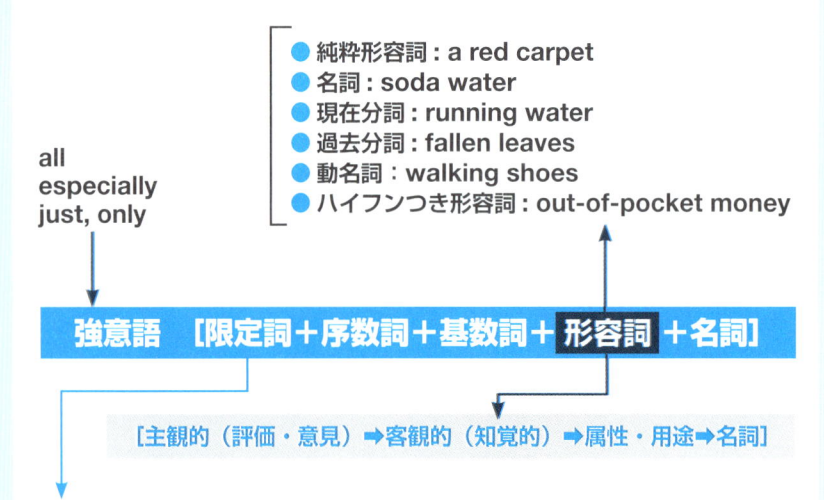

- 純粋形容詞：a red carpet
- 名詞：soda water
- 現在分詞：running water
- 過去分詞：fallen leaves
- 動名詞：walking shoes
- ハイフンつき形容詞：out-of-pocket money

all
especially
just, only

強意語　[限定詞＋序数詞＋基数詞＋ 形容詞 ＋名詞]

[主観的（評価・意見）➡ 客観的（知覚的）➡ 属性・用途 ➡ 名詞]

限定詞：the / a(n) / this / these / that / those / each / every / either / neither / no / a little / little / a few / few / some / several / much / many / a lot of / lots of / more / less / most / my / your / his / her / its / our / your / their / one's

Training ①

語句を適切に並べ替えて、日本語が示す事柄・内容を英語で述べてください。*

(1) 大切な学友たちと離れ離れになるのが悲しかった。

It made me sad to be separated from [(A) dear / (B) my / (C) school] friends.

(2) そうした小規模の建築物は、どれも50年以上前に建てられたものだ。

[(A) Those / (B) Small / (C) All] buildings were constructed over 50 years ago.

(3) ジョンには弟がふたりいて、10年間、会社を共同経営している。

[(A) Younger / (B) Two / (C) John's] brothers have been running a business together for ten years.

(4) 同社が出した最高に画期的なふたつの製品は、同社の業績回復に寄与するだろう。

The [(A) most / (B) company's / (C) innovative / (D) two] products will bring it back to life.

(5) この推理小説は、出だしの3章しか面白くない。

In this mystery novel, [(A) the / (B) three / (C) first / (D) only] chapters are interesting.

(6) ジョイスは、やる気のない仕事のパートナーにもう我慢ができなかった。

Joyce could not stand [(A) poorly / (B) business / (C) motivated / (D) her] partner anymore.

(7) その科学者は、広く知られているこの化学理論に、長年、異論を唱えてきた。

The scientist has disagreed with [(A) known / (B) widely / (C) this / (D) chemical] theory for a long time.

*3つの選択肢がすべて大文字になっている場合がありますが、文頭の語が決まれば、他のふたつは小文字にしてください。

Training ②

各イラストに描かれている物事を英語で言い表すために、カッコ内の語句を適切な-ing形または-en形に変化させてください。

(1) A [move] truck is parked for loading.

(2) He would not eat anything but [cook] rice for breakfast.

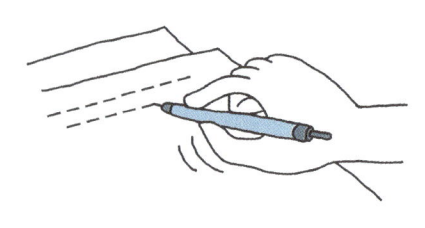

(3) It's not very easy to draw a regular [break] line without a ruler.

(4) They are walking arm in arm on the [fall] leaves.

(5) I saw these people with [amaze] faces in a picture posted on the website.

(6) I wondered why she had such an [embarrass] look on her face.

(7) My grandmother needs [read] glasses when she reads books.

(8) The girl always holds her favorite [stuff] toy.

PART 4
後ろから情報を追加する [後置修飾]

　後置修飾のネットワークは、情報の核となる名詞について後ろから情報を加える際の表現タイプが含まれます。まず、個々の表現タイプが何を意味するかを理解することです。そして、このネットワーク知識を使って、いろいろな表現を作り出してみることです。

　例えば、外で雨が降っているとします。そこで、the rain を取り上げて、以下のように後置修飾した表現を作りだすことができます。

「気分が滅入ってしまう雨」
　→関係代名詞を使って→ the <u>rain</u> which makes me feel depressed
「5 時間続いている雨」
　→現在分詞を使って→ the <u>rain</u> continuing for five hours
「雨、それは悲しみの象徴」
　→同格を使って→ <u>the rain</u>, the symbol of sorrow

　こうした練習をすることで、後置修飾ネットワークが定着し、名詞の文法力を高めることができるはずです。

後置修飾ネットワーク

名詞 +
- 形容詞句：a <u>man</u> strong enough to lift the stone
- 前置詞句：the <u>carp</u> in the pond
- 副詞（句）：the <u>meeting</u> tomorrow
- 現在分詞：the <u>girl</u> dancing in the rain
- 過去分詞：the <u>temple</u> built in the 14th century
- to 不定詞：the <u>game</u> to be held this week
- 同格：<u>Barack Obama</u>, President of the U.S.
- 関係代名詞節：a <u>girl</u> who is wearing a red hat
- 関係副詞節：a <u>place</u> where I want to visit this summer

Part 4 ● 後ろから情報を追加する [後置修飾]

Training ①

各イラストに描かれている物事を英語で言い表すには、カッコ内にどのような語句を入れるのが適切でしょうか。

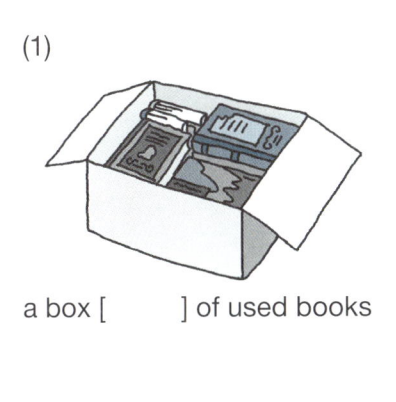

(1)

a box [　　] of used books

(2)

a bronze statue [　　] the railroad station

(3)

a hip cafe [　　]

(4)

the way [　　]

(5)

the key [　　] Room 502

(6)

the label [　　] the bottle

29

Training 2

適切な語句をひとつずつ選び、日本語が示す事柄・状況を英語で述べてください。

(1)

> 陸上トラックを周回するランナーたちに、電光掲示板で「あと3周」という告知が出されている。

The runners on the track have three laps [(A) after/ (B) for run / (C) to go].

(2)

> 会議室に集まっている人たちは、皆、新規プロジェクトに何らかの形で関わっている。

The people [(A) involving / (B) involved / (C) to involve] in the new business project have been called for a meeting.

(3)

> 会議では、あらかじめ告知されたテーマについて議論が重ねられた。

The issues [(A) discussed / (B) of discussion / (C) discussing] at the meeting had been previously announced to the attendees.

(4)

> 錦織圭の一生懸命な闘いぶりは観客を魅了した。

The spectators were thrilled to see Kei Nishikori [(A) to play / (B) playing / (C) was played] so intensely in the match.

(5)

> 保管されている書類の大半が機密書類だ。

Most of the documents [(A) being belonged / (B) belonged / (C) belonging] to the Reference Room are strictly confidential.

(6)

総選挙で落選した候補者が、テレビの密着取材を受けていた。

The news show reported in detail on a candidate [(A) defeated / defeating / to defeat] in the recent general election.

(7)

その店の飲食物は、すべてテイクアウト用だ。

They sell only food and drinks [(A) out / (B) taking out / (C) to go].

(8)

歯の痛みを止めるすべはなく、抜歯するしかないと言われた。

The dentist told me there is no way [(A) stopping / (B) stops / (C) to stop] my toothache but to remove the aching tooth.

(9)

新任のCFOが、プレゼン会場の後方に陣取っていた。

No one realized the man [(A) sitting / (B) for sitting / (C) to sit] at the back of the presentation room was the new CFO.

(10)

著作権に関する件については、テイラー・マディソンが引き受けている。

Taylor Madison is the right person [(A) contacting / (B) for contact / (C) to contact] on copyright issues.

Training ③

適切な語句をひとつずつ選び、日本語が示す事柄・状況を英語で述べてください。

(1)
> トニーが付き合う女性は、皆、髪が長い。

Tony likes girls [(A) with whom she has / (B) who have / (C) with having] long hair.

(2)
> クリスは、ハイブリッドカーを2台も持っている。

Chris is rich enough to own two cars, [(A) both which / (B) of which / (C) both of which] are hybrid.

(3)
> 去年、ジュリーが取材した大学教授は、ノーベル物理学賞の受賞者だった。

Last year Julie had an interview with the university professor, [(A) that won / (B) winning / (C) who had won] the Nobel Prize in physics the previous year.

(4)
> 注文して、まだ出されていないのは、メキシカンサラダだけだ。

We have been served every dish [(A) which ordered / (B) that we ordered / (C) to be ordered] except one: the Mexican salad.

(5)
> 今朝、ジムは、月に一度のセールスのプレゼンをしなければがならなかったが、彼はそれが嫌で仕方がない。

This morning Jim had to make a monthly sales presentation, [(A) that does not really like / (B) he does not really like / (C) which he does not really like].

(6)

自己の理論が論争の的となり、その科学者は批判にさらされた。

A number of critical comments were posted about the scientist, [(A) to whom / (B) which / (C) whose] innovative theory was controversial.

(7)

ハリントン氏の言動は、同僚の理解を超えていた。

No one in the department understood [(A) that / (B) what / (C) which] Mr. Harrington intended to do.

(8)

社員は、会社の利益になることなら何でもやれと言われている。

The employees are always required to do [(A) anything / (B) whatever / (C) which everything] is profitable for the company.

(9)

社内のどこへ行っても、会社のスローガンが掲示されている。

People find this business slogan [(A) anywhere / (B) whatever / (C) wherever] they go in the company site.

(10)

ふたりが初めて顔を合わせたのは、定期的に行われる業界のパーティーの席でだった。

The two business leaders first met at the party, [(A) that / (B) where / (C) which] people in the same industry gather regularly.

PART 5 代名詞・指示詞を使う

　代名詞は名詞の代わりをする語のことですが、典型的には、「あなた」「私」「彼」「彼女」のように人に関する代名詞群があります。もちろん、「人以外のもの」もあり、「誰か、何か」にあたる代名詞もあります。「私自身」だとか「それ自体」という再帰代名詞と呼ばれるものも含まれます。日本語でも「そんな（こと）」という代名詞をよく使いますが、英語では such がそれにあたります。さらに、「同じ種類のもの」を指す代名詞を押さえておけば、代名詞のネットワークは十分です。代名詞と関連して、指示詞もあります。日本語では「コソア」に相当しますが、英語では、this / that とその複数形 these / those があるのみです。指示詞は対象を指差して使うところがポイントです。なお、代名詞には指差す感覚はありません。

代名詞のネットワーク

人
I / you / we / he / she / they

人以外
it / they

同じ種類
one / another / some

「……自身」
myself / yourself / himself / herself / themselves

代名詞

（同じ種類で）他の人〔物〕
the other / others / the others

そんなこと such

「何か・誰か」
something / someone / somebody
nothing / no one / nobody
everything / everybody / everyone

指示詞

■ that
■■■ those

this
■■■ these

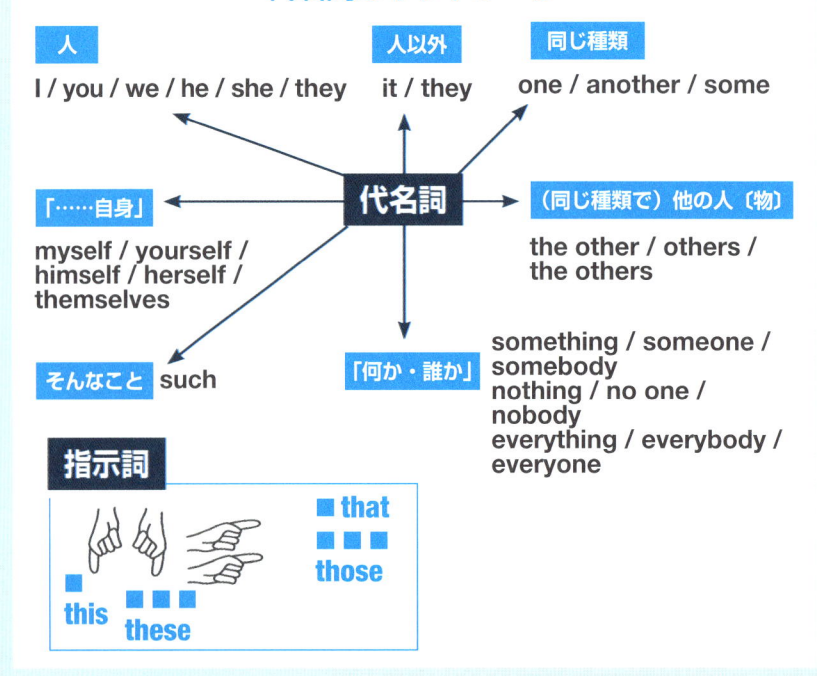

Training

適切な代名詞・指示詞（＋ be 動詞）をカッコ内に入れて、英語のやりとり・メッセージを完成させてください。

(1) A: Did you hear the news?
    B: No. What is [   ]?

(2) If [   ] OK with you, I'll ask Matt to help you with your work.

(3) A: Which design do you prefer for the new product logo?
    B: Well, I prefer the square [   ].

(4) Bill already has four laptop PCs and he is going to buy [   ] next month.

(5) A: Oh, is this mint tea?
    B: Yes. Feel free to take [   ].

(6) A: Would you like beer or wine?
    B: [   ] will be fine, thanks.

(7) A: Umm, I can't remember what the device is called...
    B: You mean a "selfie stick"?
    A: [   ] it!

PART 6

名詞節 「〜ということ」「〜かということ」

　名詞節は節内容をまるごと名詞として扱う工夫です。ふたつのタイプしかありませんが、この名詞節ネットワークを駆使すれば、非常に豊かな表現を行うことができます。

　例えば、Abraham Lincoln is still loved by many Americans. という文（節）があるとします。それをこのネットワーク知識を利用して、名詞節にして以下のような表現をすることが可能です。

- 「……ということは本当ですか」**Is it true...**
  Is it true that Abraham Lincoln is still loved by many Americans?
- 「どうして……なのかを知りたい」**I'd like to know...**
  I'd like to know why Abraham Lincoln is still loved by many Americans.
- 「……かどうかは疑わしい」**It is doubtful...**
  It is doubtful if Abraham Lincoln is still loved by many Americans.

　この場合、that や why や if が Abraham Lincoln is still loved by many Americans を名詞節にするはたらきをしていることをしっかり理解することが大切です。「……はいつか」だと when が、「……はどのようにしてか」だと how が名詞節を導入するはたらきをします。

名詞節のネットワーク

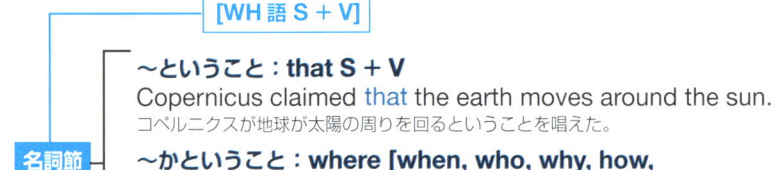

主語 (S) ＋動詞 (V) 　[that S + V]
　　　　　　　　　　 [WH 語 S + V]

名詞節

〜ということ：**that S + V**
Copernicus claimed that the earth moves around the sun.
コペルニクスが地球が太陽の周りを回るということを唱えた。

〜かということ：**where [when, who, why, how, what, if, whether] S + V**
I wonder whether [if] we should agree or not.
私たちは同意すべきかどうか考えています。

Part 6 ● 名詞節 「〜ということ」「〜かということ」

Training ①

適切な語句をカッコ内に入れて、英語のメッセージを完成させてください。

(1) It was officially announced [   ] McCoy West was appointed CEO of Byron Technology, Inc.

(2) They wonder [   ] the company should go on with restructuring.

(3) Edith promised me [   ] she would finish the late assignment by next Friday.

(4) What matters is [   ] the shareholders would agree to the plan or not.

(5) Everybody was sure [   ] George and Michael would be late for the meeting.

(6) A policeman came up to me and asked me [   ] I had in my backpack.

(7) Mr. Collins always says [   ] how you say things is as important as what you say.

Training ②

最も適切な語句を選び、英語でSNSのつぶやきメッセージを書いてください。

(1)

Tom-GOGO@tom-gogo

I wonder [(A) that / (B) what / (C) why] my boss doesn't appreciate my willingness to work.

(2)

Jennifer.P@JenniferP

Tell me [(A) that / (B) if / (C) who] I can take my anger out on!

(3)

Larry Hunter@LarryHunter

I hope [(A) that / (B) how / (C) whether] all the avalanche victims survive.

(4)

Debby @DebbyEaston

Glad to know [(A) if / (B) that / (C) who] she was re-elected.

Part 6 ● 名詞節 「〜ということ」「〜かということ」

(5)

Brad Winter@BradWinter

I don't know [(A) how / (B) that / (C) what] to say about this disaster.

(6)

Yuki Sawano@SnowWhite

Mr. PM, could I ask you [(A) that / (B) how / (C) what] comes next in your plan to cool down the economy?

(7)

Michael M.@MickyM

I failed! I don't know [(A) what / (B) which / (C) where] way to turn.

(8)

Wayne Chang@chang-w

Yes, I have learned [(A) how / (B) what / (C) where] to get along with my colleagues.

第1部

総合問題

Training 1

あなたは、外国人に日本の文化や作法を説明する英語のウェブサイトを作っています。イラストに応じて適切な語句を選び、説明文を完成させてください。

How to Enjoy Ramen at a Typical Ramen Shop in Japan

①
People make [(A) a line / (B) line / (C) the line] in front of a popular ramen shop. Just join [(A) a line / (B) line / (C) the line].

②
At some shops, you need to buy a ticket for [(A) order / (B) orders / (C) your order]. Tickets are needed for toppings as well.

③
You might have to share a table with strangers, or have a seat at the counter separately from [(A) party / (B) a party / (C) your party].

④
Sometimes you have to get [(A) any / (B) some / (C) the] water by yourself at the water cooler.

⑤
As soon as your ramen is served, you should take [(A) a few / (B) a little / (C) a pair of] disposable chopsticks and split it apart.

⑥
Eat the ramen before [(A) noodle / (B) some noodles / (C) the noodles] get soggy. You can have more fun if you slurp your ramen loudly.

Training 2

(1)

Joyce Thompson
16 hours ago

The birthday gift [(A) that from / (B) which was / (C) given by] my grandma!

👍 26 people like this.

Alice May Cute!
16 hours ago · Like

Kim Hays This is exactly [(A) that / (B) what / (C) one] you wanted, isn't [(A) this / (B) that / (C) it]?
12 hours ago · Like

Kevin Davis Alive!? Looks like a stuffed animal.
10 hours ago · Like 👍 2

Jane Yamamoto I really want [(A) one / (B) the one / (C) the ones] like this!
8 hours ago · Like 👍 1

それぞれの立場に身を置いて、最も適切な語句を選び、英語で SNS のメッセージを書いてください。

(2)

Pamela Wang
2 hours ago

To eat or not to eat, [(A) this / (B) that / (C) it] is the question.

👍 15 people like this.

Ken Bridges No question about [(A) this / (B) that / (C) it]. Just eat it.
1 hour ago · Like 👍 3

Suzy Q I recommend [(A) that / (B) what / (C) whether] you step on your bathroom scale first.
40 minutes ago · Like

Jack Smith [(A) A piece of / (B) A cut of / (C) A loaf of] cake will not hurt anything. Take a bite!
15 minutes ago · Like 👍 1

(3)

David Richards
7 hours ago

[(A) Dear my good / (B) Dear good my / (C) My dear good] friends, I'm in heaven!

👍 42 people like this.

Elena Majors Never come back!
1 hour ago · Like 👍 2

Hiro Ryan I'll be waiting for you back here with a lot of [(A) work / (B) works / (C) working].
1 hour ago · Like 👍 1

John Howell I'm sure [(A) that / (B) how / (C) who] you are not alone.
40 minutes ago · Like 👍 3

Sandy Koo Post more pictures [(A) taking / (B) taken / (C) which taken] in heaven.
10 minutes ago · Like

第1部 解答・解説

Part 1 名詞形を選ぶ

■ Training 1
正解：(1) (A)　(2) (A)　(3) (B)　(4) (B)　(5) (A)　(6) (A)　(7) (A)
解説：(1) は物理的な楽器ではなく、専攻の対象としての「ピアノ科」という概念を表すので無冠詞。(2) は「卵」という物質を表すので無冠詞。(5) は「会長」という職位を表すので無冠詞。(6) の surgery（外科手術）と (7) の information（情報）は不可算名詞。

■ Training 2
正解：(1) (B)　(2) (A)　(3) (A)　(4) (A)　(5) (B)　(6) (A)　(7) (B)　(8) (A)
解説：(1) は鶏肉の部分（piece）を調理したものが並んでいるので two pieces of chicken とする。(3) は「髪全体」を表すので数えない。(5) の waters は海や湖などの「水域」の意味。(8) の clothes は「衣類」を集合的に表す。clothing もほぼ同じ意味で用いられるが、こちらは複数形をとらない。

■ Training 3
(1)
訳：宛先：steven-d@electroasia.com
　　送信者：jullian-o@electroasia.com
　　件名：新規プロジェクト
　　スティーブ
　　本社のウェットンさんから今朝メールが来て、提案していたプロジェクトにゴーサインが出ました。
　　すぐにプロジェクトの詳細について話を詰めて、スタートを切るべきだと思います。今週中に課内の会議を開いてもらえませんか。
　　よろしくお願いします。
　　ジュリアン

正解：(A) an e-mail　(B) headquarters　(C) approval　(D) a start
解説：(B) の headquarters は「本社」を表し、常に複数形。(C) の approval は「承認」を表す不可算名詞。

(2)
訳：A：明日ランチしない？
　　B：いいよ。また中華？
　　A：えー、もう勘弁。
　　B：カレー屋さんはどう？
　　A：いいね。おいしいインド料理店、知ってるよ。

B：てか、タイカレー食べたいんだけど。

正解：(A) lunch　(B) Chinese food　(C) a curry　(D) Thai curry
解説：(A)は「昼食をとる」の意味で have lunch。(B)(D)は料理の種類を表すので無冠詞。(C)の不定冠詞は続く place につくもの。

Part 2 数量を表す

■ Training
訳：(1) 皿の上にクッキーはほとんど残っていない。
　　　(2) スーツケースの中に多額の金が入っていた。
　　　(3) 箱の中にキャベツは何個入っているの？
　　　(4) 彼女は板チョコ１枚をほんの数分で食べきってしまう。
　　　(5) 彼女は朝食の食パンを切ろうとしているところだ。
　　　(6) 少年はデザートにブドウをひと房もらった。

正解：(1) (A)　(2) (A)　(3) (B)　(4) (A)　(5) (B)　(6) (A)
解説：(2)の money は不可算名詞なので、数が多いことを表す a number of は使えない。(4)の chocolate は、薄手の板チョコでも a bar of を使って数える。(6)の a bunch of の bunch は「房」の意味。

Part 3 前から情報を追加する [前置修飾]

■ Training 1
**正解：(1) (B)(A)(C)　(2) (C)(A)(B)　(3) (C)(B)(A)　(4) (B)(D)(A)(C)　(5) (D)(A)(C)(B)
(6) (D)(A)(C)(B)　(7) (C)(B)(A)(D)**
解説：(1)の my は限定詞なので、他の語句に優先して前に置かれる。(3)では younger brothers（弟たち）というつながりが切り離せない。(5)では first three chapters で「最初の３章」を表す。(6)では poorly motivated（やる気のない）、(7)では widely known（広く知られている）という「副詞＋過去分詞形容詞」のつながりを押さえたい。

■ Training 2
訳：(1) 引っ越し用トラックが、荷積みのために止まっている。
　　　(2) 彼は、朝食には炊いたご飯以外は食べない。
　　　(3) 定規を使わずに規則的な破線を引くのは容易ではない。
　　　(4) 彼らは腕を組んで落ち葉の上を歩いている。
　　　(5) 驚いた顔のこの人たちを、ウェブサイトの投稿写真で見た。
　　　(6) なぜ彼女は、こんな恥ずかしそうな顔をしているのだろうか。
　　　(7) 祖母は読書に老眼鏡が必要だ。
　　　(8) その少女はいつもお気に入りのぬいぐるみを抱いている。

**正解：(1) moving　(2) cooked　(3) broken　(4) fallen　(5) amazed
(6) embarrassed　(7) reading　(8) stuffed**
解説：(1)は moving truck で「引っ越し用のトラック」の意味。truck for moving ということ。(3)は broken line で「破線」の意味。ちなみに「点線」なら dotted line。(4)では過去

分詞を使って fallen leaves（落ち葉）とする。falling leaves なら「落ちてきている葉、次々と落ちてくる葉」を表す。(7) は reading glasses で「読書用眼鏡」すなわち「老眼鏡」を表す。これも (1) と同様に glasses for reading ということ。

Part 4 後ろから情報を追加する [後置修飾]

■ Training 1
訳：(1) 古書が詰まった箱　(2) 駅前の銅像　(3) 上階にあるおしゃれなカフェ
　　(4) 出口　(5) 502 号室の鍵　(6) 瓶のラベル

正解：(1) full　(2) in front of　(3) upstairs　(4) out　(5) to　(6) on
解説：(3) の upstairs、(4) の out は副詞の後置修飾。(5) の to は適合や帰属を表す前置詞。(6) の前置詞 on は接触を表す。

■ Training 2
訳：(1) コース上のランナーたちは、あと 3 周でゴールする。
　　(2) 新しいビジネスプロジェクトに関与している人たちが、会議に召集されている。
　　(3) 会議で話し合われた議題は、あらかじめ出席者に告知されていた。
　　(4) 観衆は、その試合で奮闘する錦織圭の姿に感動した。
　　(5) 資料室にある書類の大半が機密扱いだ。
　　(6) そのニュース番組で、先ごろの総選挙で負けた候補者について詳しく報道していた。
　　(7) そこでは持ち帰り用の飲食物しか売っていない。
　　(8) 歯科医は私に、この歯痛を止める方法はなく、痛む歯を抜くしかないと言った。
　　(9) プレゼン会場の後方に座っている男性が新任の CEO だとは、誰も気づかなかった。
　　(10) テイラー・マディソンが、著作権に関する問い合わせ先として適任だ。

**正解：(1) (C)　(2) (B)　(3) (A)　(4) (B)　(5) (C)　(6) (A)　(7) (C)　(8) (C)　(9) (A)
　　　(10) (C)**
解説：(1) では to go という to 不定詞が未来のニュアンスを表し、three laps to go で「あと 3 周（走る）」の意味。(4) では、知覚動詞 see を「知覚動詞＋目的語＋ -ing（現在分詞）」の形で用いる。(5) では、the Reference Room（資料室）に帰属する主体、つまり belong の主語として the documents が示されている。(7) の to go は (1) とは意味が違うが、「これから持ち出す」という to 不定詞の未来のニュアンスは共通。(9) は the man who was sitting ということ。

■ Training 3
訳：(1) トニーは髪の長い女性が好きだ。
　　(2) クリスは裕福で車を 2 台持っており、しかも両方ともハイブリッド車だ。
　　(3) ジュリーが去年インタビューした大学教授は、その前年にノーベル物理学賞を受賞した人物だ。
　　(4) 注文したものはほとんどすべて出ています。残るは 1 品、メキシカンサラダだけです。
　　(5) 今朝、ジムは月 1 回の営業プレゼンをしなければならなかったが、彼はそれが本当に嫌いだ。
　　(6) その科学者に関する数多くの批判的なコメントが投稿された。彼の革新的な理論は論争の的だった。
　　(7) 部内の誰も、ハリントンさんが何をやろうとしているのか理解できなかった。

47

(8) 従業員は常に、会社の利益になることなら何でもやるよう求められている。
(9) このビジネススローガンは、会社のどこへ行っても目に留まる。
(10) そのふたりのビジネスリーダーが初めて会ったパーティーは、業界関係者が定期的に集まる場だった。

正解：(1) (B)　(2) (C)　(3) (C)　(4) (B)　(5) (C)　(6) (C)　(7) (B)　(8) (B)　(9) (C)　(10) (B)
解説：(2) では、both of...（……の両者）と主格の関係代名詞 which を組み合わせた形を用いる。(2)(3)(5)(6) は関係代名詞の非制限用法で、いずれも先行詞に情報を付け加えるはたらきをしている。(7) の what は先行詞を含む関係代名詞で、ここでは the things which ということ。(10) の where は the party を先行詞とする関係副詞。

Part 5 代名詞・指示詞を使う

■ Training
訳：(1) A：ニュース、聞いた？
　　　B：いや。何なの？
(2) 君がよければ、マットに頼んで君の仕事を手伝ってもらうけど。
(3) A：新製品のロゴとして、どっち（どれ）がいいかな？
　　　B：そうだね、僕は四角いほうがいいな。
(4) ビルはすでにノートパソコンを4台持っているのに、来月もう1台買う予定だ。
(5) A：あら、これミントティー？
　　　B：ええ。自由に取ってください。
(6) A：ビールとワイン、どっちがいい？
　　　B：どっちでもいいよ、ありがとう。
(7) A：えーと、思い出せないな、あの道具、なんて言ったっけ……？
　　　B：「自撮り棒」じゃない？
　　　A：それそれ！

正解：(1) it　(2) it's　(3) one　(4) another　(5) some　(6) Either　(7) That's
解説：(2) の it は「マットに君の仕事を手伝うように頼む」こと全体を指す。(3) の one は複数ある候補のロゴのひとつを表す。(4) は、指示詞・代名詞を使うなら「さらにもうひとつ、別のひとつ」を表す another が妥当。(6) は二者択一を求められたときの返答なので、「どちら（でも）」の意味の代名詞 either を用いるのが妥当。(7) の That's it. は決まり文句で、相手が何かを言い当てたときなどに使う。That's all. は（これで終わり）の意味で使われることもある。

Part 6 名詞節「～ということ」「～かということ」

■ Training 1
訳：(1) マッコイ・ウェストがバイロン・テクノロジー社のCEOに任命されたという公式発表があった。
(2) 彼らは、はたして会社はリストラを進めるべきなのだろうかといぶかっている。
(3) イーディスは私に、遅れている仕事を来週の金曜日までに終わらせると約束した。
(4) 問題は、株主らがその計画に賛同するかどうかだ。
(5) 誰もが、ジョージとマイケルは会議に遅刻すると確信していた。
(6) 警察官が近づいてきて、バックパックに何が入っているのかと尋ねた。

(7) コリンズさんがいつも言っているのは、物事をどう語るかは何を語るかと同じくらい重要だということだ。

正解：(1) that　(2) if / whether　(3) that　(4) whether　(5) that　(6) what　(7) that

解説：(2) は wonder if... または wonder whether... の形で「……かどうか疑問に思う」の意味を表す。この場合には if と whether の両方が使えるが、(4) では whether しか使えない。これは whether 以下の節が文の補語になっているから。他にも、whether 節が前置詞の目的語になる場合、文の主語になる場合などは if に置き換えることができない（if は WH 語ではないため）。

■ Training 2
訳：(1) 何で上司は僕の仕事に対するやる気を認めてくれないのかな。
(2) この怒りの矛先を誰に向ければいいか教えて！
(3) 雪崩に遭った人たち全員が助かりますように。
(4) よかったわ、彼女、再選されたんだって。
(5) この惨事についてどんなことを言えばいいかわからない。
(6) 総理、今度はどんなプランで景気を落ち着かせるおつもり？
(7) 失敗した！　どうすればいいのかわからん。
(8) うん、同僚とうまくやる方法がわかったよ。

正解：(1) (C)　(2) (C)　(3) (A)　(4) (B)　(5) (C)　(6) (C)　(7) (B)　(8) (A)

解説：(2) の who は目的格の関係代名詞で、文末の前置詞 on の目的語になっている。硬い文中では whom が使われる。(5) の what は疑問代名詞、(6) の what は関係代名詞と捉えられる。(7) の I don't know which way to turn. は「どちらへ曲がればいいかわからない」つまり「どうしたらいいのかわからない」の意味で使われる定型表現。

総合問題

■ Training 1
訳：よくある日本のラーメン店でラーメンを食べるには
① 人気のあるラーメン店の前には列ができます。何はともあれ列に並びましょう。
② 店によっては、食券を買って注文しなければなりません。食券はトッピングにも必要です。
③ 他のお客さんと合い席になったり、同行者から離れてカウンター席に座らなければならない場合もあります。
④ 自分で冷水機の水をくまなければならないこともあります。
⑤ ラーメンが運ばれてきたら、割り箸を取ってふたつに割ります。
⑥ 麺が伸びてしまう前に食べましょう。ラーメンは音を立ててすすったほうがおいしく食べられます。

正解：① (A)(C)　② (C)　③ (C)　④ (B)　⑤ (C)　⑥ (C)

解説：①の make a line は「列を作る」の意味。すでにできている列に「並ぶ」ことは join the line と表現する。③の party は「一行」の意味。someone's party の形で「……の一行、……と行動を共にする人たち」を表す。④では、漠然とした分量を表す some で water を修

飾するのが妥当。⑤の chopsticks（箸）は a pair of で数える。2 本が一体となっている割る前の割り箸も a pair of disposable chopsticks という。⑥の noodle は、特に麺を 1 本だけ取り上げて指すような場合を除き、複数形で用いられるのが普通。ここでは運ばれてきた丼の中の麺全体を指しているので the noodles とする。

■ Training 2
(1)
訳：ジョイス・トンプソン：祖母が贈ってくれた私の誕生日プレゼント！
　　アリス・メイ：かわいい！
　　キム・ヘイズ：これ、まさに欲しかったものでしょ？
　　ケビン・デービス：生きてるの？　縫いぐるみみたいだ。
　　ジェーン・ヤマモト：私もぜひ、こんなの 1 匹欲しい！

正解：(C) (B) (C) (A)
解説：Kim Hays の書き込み This is exactly what you wanted, isn't it? の what は先行詞を含んだ関係代名詞、文末の it は文頭の this および what you wanted を受ける代名詞。Jane Yamamoto の投稿文の one は、先行する名詞と同種のものを指す代名詞だが、ここでは写真で話題化されている cat を代替している。

(2)
訳：パメラ・ウォン：食べるべきか食べざるべきか、それが問題だ。
　　ケン・ブリッジズ：疑問の余地なし。食べなさい。
　　スージー Q：まずはお風呂場へ行って体重計にのることをおすすめします。
　　ジャック・スミス：ケーキひと切れで何も変わりゃしないよ。食べちゃえ！

正解：(B) (C) (A) (A)
解説：Pamela Wang の投稿文の that は、文頭の To eat or not to eat という命題を指している。Ken Bridges の No question about it. は「言うまでもない、疑問の余地はない」の意味の定型的な言い回し。cake の「ひと切れ」は普通、Jack Smith の文にあるように a piece of を使って数える。ちなみに、a piece of cake という表現は「簡単なこと、容易な課題」といった意味で比喩的に用いられることも少なくない。

(3)
訳：デービッド・リチャーズ：親友のみなさん、僕は天国にいます！
　　エリーナ・メージャーズ：絶対に帰ってくるな〜！
　　ヒロ・ライアン：たっぷり仕事を用意して帰りを待ってるよ。
　　ジョン・ハウエル：これはひとりじゃないな。
　　サンディー・クー：天国で撮った写真、もっとアップして。

正解：(C) (A) (A) (B)
解説：David Richards の投稿文の呼びかけ部分は、My dear good friends, ... と限定詞の my をまず置くのが妥当。かつて Dear My Friend というタイトルの J-POP の曲があったが、英語としては語順が不適切。Hiro Ryan の文にある work は「仕事、労働」の意味なので不可算名詞。work は「作品」という意味を表す場合には可算名詞として扱われる。Sandy Koo の文では、過去分詞 taken（撮られた）が pictures を後置修飾している。

第 2 部

動詞の文法

モノとモノが関係するとさまざまな状態や動作が生まれます。これはコトの世界です。コトの世界を語るには動詞が不可欠です。ここでは、動詞に関わる文法の中でも、次の7つのポイントを重点的にトレーニングします。

動詞のふたつの重要ポイント
1. テンス（時制）とアスペクト（相）
2. BE / HAVE / -ING のネットワーク

Part 1 現在のことについて語る
Part 2 過去を回想して語る
Part 3 未来を展望して語る
Part 4 話し手の態度を表す［法助動詞］
Part 5 態　対象に視点を置いて語る
Part 6 「動詞＋α」の8つの型
Part 7 形容詞構文　判断・評価を加える

動詞のふたつの重要ポイント

テンス（時制）とアスペクト（相）

　動詞の文法でテンスとアスペクトのネットワークは最も重要なもののひとつです。
　ポイントは、テンスには現在と過去のふたつが、そしてアスペクトには単純と進行と完了の3つがあるということです。アスペクトは進行と完了を合わせて「完了進行」というアスペクトを作ることができます。
　時間は過去、現在、未来がありますが、英語のテンスは現在と過去のふたつです。未来は、下の表に示したような語句を使って表現します。
ネットワークの活用で大切なことは、現在単純形や過去完了進行形のそれぞれの表現上の持ち味を理解した上で、このネットワークを頭に入れ、いろいろな状況を表現する際に使うことです。

アスペクト	テンス	
	現在	過去
単純	現在単純形	過去単純形
進行	現在進行形	過去進行形
完了	現在完了形	過去完了形
完了進行	現在完了進行形	過去完了進行形

未来を展望して語る表現

```
will / may / must / might / should...
will [may] be doing / will [may] have done...
be going to / be planning to...
want to / intend to...
```

BE / HAVE / -ING のネットワーク

　ここでのネットワークは「文法内ネットワーク」にあたります。つまり、beやhaveや-ingの文法的な用法の全体像をネットワークに示すというものです。beもhaveもそれぞれのコア（本質的意味）を押さえて、それぞれの用法を見ていくと同じ語がさまざまな文法用法に使われている理由がわかるはずです。「形が同じなら共通のはたらきがある」ということに注目しましょう。

BE 動詞　ネットワーク　BE のコア：「存在」が含まれ、どこかに何かがある

- **be ＋場所**　I'm here.　　私はここにいるよ。
- **be ＋名詞**　John is a news reporter.　　ジョンは新聞記者です。
- **be ＋状態（形容詞）**　I am very happy.　　私はとても幸せです。
- **be ＋ -ing**　She is running in the rain.　　彼女は雨の中を走っている。
- **be ＋ done**　The windows were all broken.　　窓はすべて壊れていた。
- **be ＋ to do**　You are to be punished.　　あなたは罰せられるべきだ。

HAVE　ネットワーク　HAVE のコア：所有、経験

- **have ＋名詞**　I have a dream.　　私には夢がある。
- **have ＋名詞＋ done**　I had my computer repaired by George.
  コンピュータをジョージに直してもらった。
- **have ＋名詞＋ doing**　I have a taxi waiting now.　　今、タクシーを待たせている。
- **have ＋名詞＋ do**　I'll have Jim carry my baggage to the office.
  ジムに荷物をオフィスまで運ばせよう。
- **have ＋ done**　I have done my homework.　　宿題はし終わっている。
- **have ＋ to do**　You have to submit your paper by next Monday.
  君は来週の月曜日までに書類を提出しなくてはならない。

-ING　ネットワーク　-ING の共通項：実際（観念）上の動き・変化を表す

進行形（現在進行形・過去進行形・現在完了進行形・過去完了進行形）
Sorry, but I'm still working. Can you call me later?
ごめん。まだ仕事中なの。あとで電話ちょうだい。

名詞の後置修飾
Look at the woman sitting over there.　　向こうに座っている女の人を見てごらん。

動詞（see, hear, have, get）＋名詞＋ doing
I heard the man singing a good old song.　　男の人が懐かしい歌を歌っているのを聞いた。

動名詞
She loves singing.　　彼女は歌うことが好きだ。

分詞構文
We had a nice time singing and drinking together.
いっしょに歌ったり飲んだりしながら楽しい時を過ごした。

PART 1

現在のことについて語る

　現在に関心を置いた表現の仕方としては、現在単純形、現在進行形、現在完了形、現在完了進行形があります。すべて現在に当てはまる状態や動作を表しますが、現在単純形で動作を表す際には動きのない「静止画的な描写」になり、一方、現在進行形は「動画的な描写」になります。現在完了形は「動作（行為）がすでになされた状態を今 have している」、現在完了進行形は「動作が連続した状態を今 have している」ということを表します。また、瞬間的に何かを成し遂げた際には、過去単純形で表現することがあります。

現在のことについて語る表現ネットワーク

現在のことについて語る

現在単純形

動き・変化を伴わずに語る

動作動詞は静止画的な描写
I **make** a bento every morning.
私は毎朝弁当を作る。

状態動詞は状態を描写
I **understand** your situation.
あなたの置かれている状況はわかっています。

現在完了形

現在との関連性と
状態・結果の重視

I **have** just **finished** reading Haruki Murakami's *1Q84*.
僕は、村上春樹の『1Q84』を今読み終えたところだ。

I **haven't seen** her recently.
最近、彼女に会っていない。

過去単純形

状態・結果の重視

I **got** it!　わかった！

現在進行形

動画的に語る「今」

何かが現在進行中
Look! She **is running** in the rain.
ほら！ 彼女、雨の中を走っているよ。

今まさに～しようとしている
We **are arriveing at** the destination. 目的地に着こうとしている。

これから～しようとしている
I'm **leaving** for New York the day after tomorrow.
明後日は、ニューヨークに向かいます。

現在完了進行形

「ずっと～し続けた状態で今に至る」
と継続を強調

A: Why are you so late? I've **been worrying** about you.
どうしてこんなに遅くなったんだ？　ずっと心配してたんだぞ。
B: Sorry, I've **been playing** soccer in the park.
ごめんなさい。公園でサッカーをやってたもんだから。

Part 1 ● 現在のことについて語る

Training ①

雑誌やウェブサイトに載せるつもりで、最も適切な語句を選び、各写真に英語の説明文をつけてください。

(1)

Spring [(A) comes / (B) has come / (C) came].

(2)

Spanish defender Thomaso Alonso [(A) competes / (B) has competed / (C) competed] for a ball in a game against England.

(3)

SkyWay [(A) is signing / (B) signs / (C) has been signing] a deal to receive sponsorship from Netbank.

(4)

Police [(A) take / (B) takes / (C) is taking] the vicious criminal into custody.

写真：(1) AnnaOmelchenko/iStockphoto (2) Aksonov/iStockphoto
(3) kupicoo/iStockp hoto (4) Kangah/iStockphoto

Track 17　55

Training ②

カッコ内の語句を適切な形に変化させ、日本語が示す事柄・状況を英語で述べてください。

(1) 吉本さんは、被災地復興支援のボランティア団体に所属している。
Mr. Yoshimoto [belong] to a volunteer organization for reconstruction support for the disaster area.

(2) ドイツ人のハイドフェルト一族が、その高級ホテルチェーンを経営している。
The Heidfeld family from Germany [run] the luxury hotel chain.

(3) ロバートは、新しい営業所の開設手続きが終わるまで期間限定でシアトルに住んでいる。
Robert [live] in Seattle temporarily until he finishes the paperwork to open the new sales office.

(4) ブレンダは携帯電話をなくしたので、差し当たり、連絡を取るには家に電話しなければならない。
Brenda [lose] her cell phone, so for the moment we need to call her home to contact her.

(5) 昼食はすみましたか。まだなら、一緒にどうですか。
[you have] lunch? If not, why don't you join us?

(6) このところ、誰もエリオットの姿を見ていない。元気なのだろうか。
No one [see] Elliot recently. I wonder if he is all right.

(7) CEOが交代し、会社の業績は着実に回復している。
The company's performance [improve] steadily since the CEO was replaced.

(8) 悪いけどまだ仕事中だから、後であらためて電話するよ。
Sorry, I [still work]. I'll call you later.

(9) ターナー研究室では、3年以上もこの素粒子の問題を研究している。
The Turner Laboratory team [study] this elementary particle problem for over thee years.

(10) 当社の姫路工場では、月産3万台のペースで軽自動車を生産しています。
We [produce] 30,000 light vehicles per month at the Himeji Assembly Plant.

(11) この路線バスは、平日はほぼ15分おきに運行している。
The bus [run] approximately every 15 minutes on weekdays on this route.

(12) レストランの裏手に、数台の車が駐車している。
A few cars and vehicles [park] behind the restaurant.

(13) 間もなく名古屋駅に到着いたします。
We [soon arrive] at Nagoya Station.

(14) 誰もが彼女の置かれている状況を理解しているが、誰も手助けできない。
Everyone [understand] her situation, but no one can help her.

Training ③

(1) The old man [wear] round glasses.

(2) The man [just finish] lunch.

(3) The women [chat] over coffee.

(4) The woman [carry] her lunch on a tray.

Part 1 ● 現在のことについて語る

カッコ内の語句を適切な形に変化させて、イラストの中に描かれた人物や状況を英語で説明してください。

(5) The man [wait] for his coffee to be ready.

(6) The young man [eat] his lunch.

(7) The women [stand and talk] with each other.

(8) The middle-aged man [have] gray hair.

PART 2

過去を回想して語る

　過去はすでに起こった世界であり、現在とは切り離された感覚があります。表現方法としては、過去単純形、過去進行形、過去完了形、過去完了進行形があります。過去単純形は過去に起こったことを静止画的に報告するのが基本で、過去進行形は「ある時何かが進行中であった」という意味を表し、出来事の背景を語るのによく使われます。過去完了形は、過去のある時点を設定し、「それまでに何かが行われていたこと」を、過去完了進行形は「それまでに何かが連続した状態にあったこと」を表します。

過去を回想して語る表現ネットワーク

過去を回想して語る

過去単純形

静止画的に起きた出来事や事実を描写

過去に起こったことの報告・記述
I woke up very late last Sunday.
先週の日曜日は起きるのがとても遅かったんだ。

過去における状態や習慣的な動作の記述
There **was** a store around here.　ここには店があった。

何かがなされた瞬間の描写
I made it!　間に合った！

過去進行形

過去のある時点まで何かが行われていた

She **was** constantly **complaining**.
彼女は愚痴ばかりいっていた。（反復的）

We **were having** breakfast when the accident took place.
事故が起こったとき朝ごはんを食べていた。

過去完了形

過去のある時点まで何かが行われていた

Had she **studied** Sinhalese before she moved to Sri Lanka?
彼女はスリランカに来る前に、シンハラ語を勉強していたの？

過去完了進行形

ある過去の時点までずっと何かが行われていた状態にあった

I had been waiting for hours when you came.
君が来るまで、僕は何時間も待っていたんだよ。

Training ①

適切な語形をひとつずつ選び、日本語が示す事柄・内容を英語で述べてください。

(1) グレッグが報告書を書いていると、机上の電話が鳴った。
Greg [(A) wrote / (B) was writing / (C) had written] his report when the phone on his desk rang.

(2) 会社が新しいパソコンを導入したとき、すでに当該の型がすぐにモデルチェンジすることが決まっていた。
When the company got new PCs, an update of the model [(A) was / (B) was being / (C) had been] decided for the near future.

(3) モーリーンは、20代のころはよくジムに通っていた。
Maureen often [(A) went / (B) was going / (C) had gone] to the gym when she was in her twenties.

(4) 田代さんは、大阪の印刷会社で働いていたことがある。
Mr. Tashiro [(A) had worked / (B) was working / (C) used to work] for a printing company in Osaka.

(5) 今年の有給休暇は、もう消化してしまった。
I've already [(A) had used / (B) had been using / (C) used] up all my paid leave for this year.

(6) リンジーはいつも文句ばかりで、ちっとも仕事をしなかった。
Lindsey [(A) has complained / (B) was complaining / (C) had complained] constantly and would not work at all.

(7) さんざん待たされた揚げ句に、打ち合わせの中止を告げられた。
I [(A) was waiting / (B) waited / (C) had been waiting] for a long time before I was told the meeting was canceled.

Training ②

カッコ内の語句を適切な形に変化させて、英語で報告書や日記を書いてください。

(1)〈出張報告書〉

Business Trip Report

Name, Division: Mark Togo, Sales & Marketing
Date(s): Feb. 23 - 24, 2015
Purpose of Trip: Sales and presentation
Place to Visit: Kyodo Electronics, Inc.
People to Meet: Mr. Iwai and others from Kyodo Electronics

- Visited Kyodo Electronics in Nara Prefecture with Mr. Chang from our Technical Development Dept. Met Mr. Iwai and Mr. Kawada, who (A)[be] responsible for technical issues.
- Successfully, made a presentation, which we (B)[prepare] the previous week.
- Held a Q&A session for over 30 minutes. They (C)[seem] to be especially interested in our new SSD.
- They said they (D) [tackle] data compression issues for a long time, and our new product could be one of the solutions.
- Ms. Sonobe, a purchase associate, joined the meeting for a possible sales contract.
- Before leaving we had time to greet Mr. Tani, the CEO of Kyodo, which we (E)[not expect].

(2) 〈ある 1 週間の日記〉

Mon., Oct. 15
Tired. From 3:00 I had a long, unproductive meeting with the salespeople, and (A)[lose] the energy to work overtime.

Tue., Oct. 16
I met Hannah after work for dinner. She (B)[reserve] a table for us, so we did not have to wait at the crowded restaurant. We enjoyed the meal and talked for hours.

Wed., Oct 17
I had a paid day off today. I (C)[not plan] to take a day off, but I decided to when I (D)[wake up] with a bad headache in the morning, and called my boss. It was all because of the two bottles of wine I drank with Hannah last night.

Fri., Oct 19
I was paid a visit by Mr. Adams when I (E)[handle] a long complaint call, so I kept him waiting for over 30 minutes, which must have made him mad even though he didn't let it show.

Training ③

日本語の記述内容に基づいて、カッコ内に適切な語句を入れ、英語で説明・報告を行ってください。なお、カッコに何も入らない場合もあります。

(1)

経過報告	
5月17日	顧客サービス課に、お客さまから電話。購入したばかりの品が不良品ではないかとの趣旨。現物の送付を依頼。
5月18日	問題の商品が到着。お客さまの指摘通り、作動せず。技術部へ確認・分析を依頼。
5月19日	技術部より回答。部品の一部に破損が見つかった。過去に前例があり、製造委託先（海外）と対策を検討中だったとのこと。
5月20日	お客さまへ新品を送付。報告書と薄謝を添付。

The Customer Service Division asked the Engineering Department to check a product that [(A)] returned by a costomer who claimed it way defective.

The Engineering Dept. reported that the product [(B)] defective after they [(C)] found an assembly part broken.

Actually, the same problem was found once before, and the engineers [(D)] discussing solutions with their production contractor.

(2)

会員専用オンラインサービス コスモ e-STEP
初回お手続き方法

① コスモ e-STEP へログイン
　コスモユーザー ID とパスワードを入力してください。
↓
② お客様情報の入力
　会員番号・カード番号・カード有効期限などを入力してください。
↓
③ 入力情報の確認
　入力内容をご確認のうえ、『登録する』をクリックしてください。
↓
④ お手続き完了
　すぐにサービスをご利用いただけます。

The problem occurred when I [　(A)　] clicked the "Register" button. A note came up saying "Enter all items," I went back to the main screen and confirmed that all the boxes [　(B)　] filled.
All I could do was go back to the first page and start all over again, but even though I restarted from the beginning, I [　(C)　] stuck at the same stage again.
I wonder what else I [　(D)　] done before I clicked "Register."

PART 3

未来を展望して語る

　未来を展望して語る方法には、いろいろな可能性があります。確定ずみで推量の余地のない状況だと現在単純形を使い、すでに（気持ちの上では）ある動作が始まっているという状況だと現在進行形を使います。未来は現在と地続きの関係にあるため、現在単純形や現在進行形が使われるのです。未来のことについての話し手の意志や推量を表す際には will を使います。また、「あることに向かって進んでいる」という状況は be going to を使い、さらに計画や予定だと be planning to や be scheduled to などを使っても表現することができます。

未来を展望して語る表現ネットワーク

will do
〜するつもりだ

I **will do** my best.
ベストをつくすつもりだ。

will be doing
〜していることだろう

I **will be waiting** for you.
あなたを待ってるよ。

will have done
未来のある時点までに何らかの状態になっている

We**'ll have been married** for 10 years on October 10th.
10月10日には結婚して10年になります。

現在形
do
確実な未来

He **leaves** for New York tomorrow.
彼は明日ニューヨークに発つ。

現在進行形
be doing
何かがすでに始まっている

We**'re having** a party tonight.
今夜はパーティーだよ。

be going to do
予定になっている／すでに行為に向かっている

I**'m going to get** a new house soon.
まもなく新しい家を買うつもりだ。

その他のいろいろな未来表現

be planning to do 〜を計画している / be scheduled to do 〜する予定だ / want to do 〜したい / be supposed to do 〜することになっている / expect to do 〜を期待している / be willing to do 進んで〜する / wish to do 〜したい

Training ①

適切な語句をひとつずつ選び、日本語が示す事柄・内容を英語で述べてください。

(1) 次の停車駅はアルバニーですか、それともユージーンですか。
[(A) Is the next station / (B) Shall the next station be / (C) Is the next station going to be] Albany or Eugene?

(2) A どこへ行くの？
　　B 今からサミーに会うんだ。
A: Where are you going?
B: [(A) I see / (B) I'm seeing / (C) I will see] Sammy.

(3) クライドは半年後の営業戦略会議でプレゼンをする予定だ。
Clyde [(A) makes / (B) is making / (C) is going to make] a presentation at the sales strategy meeting in six months.

(4) 天気予報によると、明日は大雪になるだろう。
According to the weather forecast, it [(A) will be supposed to snow / (B) will snow / (C) is to be snowing] heavily tomorrow.

(5) A 誰か、電話に出てくれる？
　　B あ、私、出ます。
A: Could someone answer the phone?
B: OK, [(A) I'll get / (B) I'm going to go get / (C) I'll be getting] it.

(6) 来年の今ごろには、この大規模プロジェクトも終わっているだろう。
This large-scale project [(A) will finish / (B) will have finished / (C) is going to have finished] by this time next year.

(7) ハドソンさんは、来月の20日に東京を発つことになっている。
Mr. Hudson [(A) is leaving / (B) will have left / (C) is supposed to leave] Tokyo on the 20th of next month.

Training 2

(1)

8月12日（木）	15:00	香港着
	19:00	マイケルと会食＠マーズ・ホテル
8月13日（金）	9:30	支社訪問
	10:00	会議
	15:00	マイケルと客先訪問
	18:30	支社長ウォン氏らと会食
8月14日（土）	8:00	マカオ半日ツアー出発
	15:30	ホテル帰着
	18:00	帰国便チェックイン＠空港

To: k.tashiro@interfood.co.jp
From: angela-au@interfood.com.hk
Subject: Your Trip to HK

Hello Tashiro-san,

Regarding your three-day visit to Hong Kong, please let me inform you of the schedule we have arranged for you.
On the evening of your arrival day, at 7:00, you (A)[have] a dinner appointment at Mars Hotel with Michael Chen from our office.
Friday (B)[be] the busiest day of your stay here. You need to attend a meeting in the morning, and you (C)[be supposed] to visit our clients with Michael before you (D)[have] dinner with Mr. Wong, the Branch Manager, at 6:30.
I heard you are planning to take a quick sightseeing trip to Macao on your final day. Please enjoy the trip before flying safely back home.

Best wishes,
Angela Au
Associate Sales Manager

スケジュール表の予定にもとづいて、カッコ内の語句を適切な形に変化させて、英語のメッセージや報告を完成させてください。

(2)

3月						
日	月	火	水	木	金	土
1	2	3	4	5	6	7
8	9 TODAY	10	11	12	13 夕刻： 送別会	14 荷造り 完了
15 13:00 引っ越し	16 異動先 出勤初日	17	18	19	20 夕刻： 歓迎会	21 転居挨拶 回り
22 転居通知 作成	23 住民票移 動手続き	24	25	26	27	28
29	30	31				

I (A)[start] working at the Osaka sales division on March 16, so I need to move into my new apartment by the day before. I (B)[finish] packing by this coming Saturday or by noon on Sunday at the latest, because the moving truck is coming at 1:00 on Sunday.
I (C)[plan] to greet my new neighbors on the 21st, so I will have to go shopping for small gifts for them sometime next week. And I (D)[take] a half-day off on March 23 to register as a resident at City Hall.

PART 4

話し手の態度を表す [法助動詞]

　発話者の態度を表す助動詞を法助動詞といいます。現在形のものとしては、can、will、shall、may、must の 5 つがあり、過去形のものには could、would、should、might の 4 つがあります。過去形だからといって過去のことに限定されるわけではありません。また、should と might はそのままの形では過去のことを話すのに用いることができません。そこで、法助動詞（現在形・過去形）＋ have done の形も使えるようにする必要があります。

　また、助動詞関連表現として日常会話でもよく使われる表現がありますが、それぞれの本来のはたらきを理解していけば、表現のレパートリーが豊かになるはずです。

発話者の態度を表す法助動詞ネットワーク

can（実現可能性）/ will（意志・推量）/ shall（何かをすることを負っている）/ may（強制力の不在）/ must（何か抗いがたい力がはたらいて、それ以外の選択肢がない）

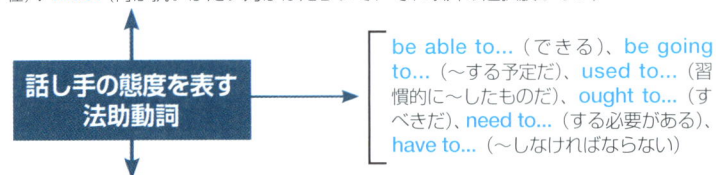

話し手の態度を表す法助動詞

→ be able to...（できる）、be going to...（〜する予定だ）、used to...（習慣的に〜したものだ）、ought to...（すべきだ）、need to...（する必要がある）、have to...（〜しなければならない）

[
would（過去を回想してそのときの意志や推量を表す、現在に関心を置き、遠回しに意志や推量を表す）
could（過去においてしようと思えばできる可能性があった、現在の状況でもしできるとしたら）
should（〜することを負っていた、（現在）〜してしかるべきだがまだなされていない）
might（ひょっとしたら〜かもしれない、〜かもしれないし〜でないかもしれない）
]

[
will（shall）have done（[未来において] 〜してしまっているだろう）
may have done（〜してしまったかもしれない [現時点ですでに行われている]、〜してしまっているかもしれない [現時点ではまだ行われていない]）
must have done（〜してしまったにちがいない [現時点ですでに行われている]）
can have done（[疑問文で] はたしてどうやって〜が起こりえたのか）
]

[
would have done（[実現はしなかったが仮に〜であれば] 〜しただろうに）
could have done（[可能性としては弱いが] 〜したかもしれない、[実現はしなかったが可能性としては] 〜していたかもしれない、起こる可能性はあったが実際には起こらなかった）
should have done（[しなかったことを悔いて] 〜すべきだったのに、[〜までには] きっと〜しているはずだ）
might have done（[可能性は低いが] 〜していたかもしれない、ひょっとすると〜しているかもしれない）
]

Training ①

適切な語句をひとつずつ選び、日本語が示す事柄・内容を英語で述べてください。

(1) 仕事が片づいたのなら、早く帰ったほうがいいよ。
Now that you have finished your work, you [(A) can / (B) had better / (C) should] go home soon.

(2) お昼ご飯を食べてないの？　じゃあ、さぞかしおなかがすいているだろうね。
You didn't have lunch? Then you [(A) can / (B) might / (C) must] be starving.

(3) 　A：2 時に総務部長のジョーンズさんにお約束をいただいているのですが。
　　　B：お名前を伺ってもよろしいですか。
A: I have an appointment with Mr. Jones, the General Affairs Manager, at 2:00.
B: [(A) Should / (B) May / (C) Would] I ask your name, please?

(4) あの小説は傑作だよ。君も絶対に読まないと。
That novel is a masterpiece. You [(A) would / (B) must / (C) shall] read it.

(5) 発行者は、著作権者へ事前通達せずに当該作品を増刷する権利を有するものとする。
The publisher [(A) could / (B) shall / (C) should] have the right to print additional copies of the work without prior notification to the copyright holder.

(6) もっと早く、株から手を引いておけばよかった。
I [(A) could / (B) must / (C) should] have stopped trading stocks earlier.

(7) サイラスは、決して同僚の忠告に耳を傾けようとはしなかった。
Cyrus [(A) must / (B) should / (C) would] never listen to his colleagues' advice.

Training ②

カッコ内に適切な語句を入れて、英文パンフレットの説明を完成させてください。

(1)

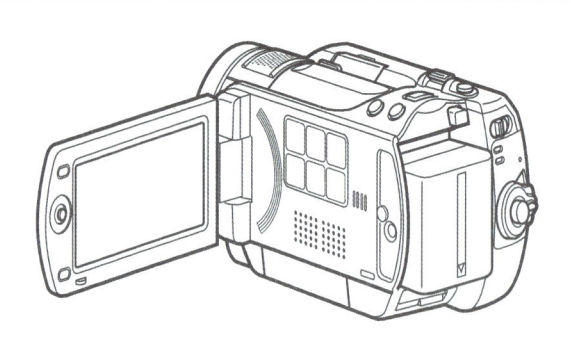

Recording Still Pictures
You [(A)] record still pictures on an SD memory card.

■ **Press the photo button halfway down.**
A subject in the center of the screen [(B)] be focused. When focus is locked, the green mark in the LCD monitor [(C)] turn purple.

■ **Press the photo button down completely.**
The image [(D)] be recorded. After a few seconds, the image taken [(E)] be displayed for about three seconds. You [(F)] shoot the next photo when the purple mark changes back to green.

(2)

How to Travel with Your Tablet
The airline [(A)] allow you to keep your tablet on if you switch to airplane mode. Wireless LAN and Bluetooth are turned off in the airplane mode, so you [(B)] use features that require Internet access. You [(C)] use other apps that don't require wireless communication.

WARNING:
For important information about avoiding usage that [(D)] lead to dangerous situations, see page 24.

PART 5

態 対象に視点を置いて語る

　「何かをする」とか「何かをされる」などという行為者と対象のはたらきかけの関係を表す表現方法を「態」といいます。

　「態」は視点の置き方によって選択されます。行為者に注目して語れば Someone has broken the computer. のように能動態で表現します。The computer broke down.（コンピュータが壊れた）は対象に注目した表現ですが、これは自動詞の用法で「誰かに壊された」ということは表現上含意されていません。

　一方、The computer has been broken.（コンピュータが壊れている）は「be + 過去分詞」の受動態になっており、これは「誰かに壊された」ということが前提になる表現です。「される」という動作を強調するには get+ 過去分詞の形を用います。

　他にも、表現上は自動詞ですが意味的には受動態に近い「中間態」と呼ばれる表現や、過去分詞が形容詞的に使われる「疑似受動態」とみなすのが適切な表現もあります。

態の調整によって視点を変えた表現ネットワーク

能動態

- 他動詞 → A
- 自動詞 → B

A **Someone has broken the computer.**
誰かがコンピュータを壊した。

B **The computer has broken.**
コンピュータが壊れた。

中間態
能動態と受動態の中間
This book is selling well.
この本はよく売れている。

受動態　be + 過去分詞
The computer has been broken.
コンピュータが壊れた。

受動態　get + 過去分詞（動作）
The door got broken.
ドアが壊れた。

擬似受動態
状態、感情のみに焦点を当てた受動態
Sorry, we are closed.
申し訳ありませんが閉店しました。
I'm really surprised.
本当に驚いた。

Training ①

各イラストに描かれている事物・状況を英語で言い表すには、どちらの文を選ぶのが適切でしょうか。

(1)

(A) Quite a few people were laid off due to continued stagnation.
(B) They laid off quite a few people due to continued stagnation.

(2)

(A) These furniture items are made of selected wood.
(B) Someone made these furniture items with selected wood.

(3)

(A) The computer was deliberately broken.
(B) A young man deliberately broke the computer.

(4)

(A) Mr. Yamada's bill has been paid already.
(B) Mr. Yamada has already paid his bill.

(5)

(A) They nominated this actress for an Academy Award twice.
(B) This actress was nominated twice for an Academy Award.

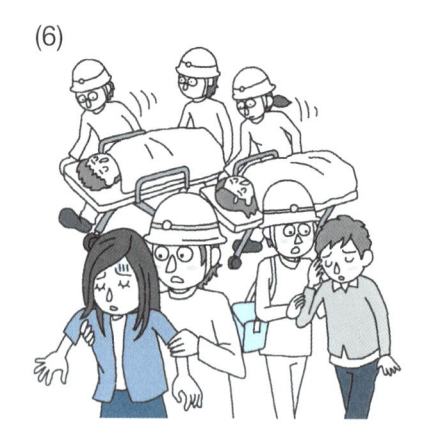

(6)

(A) One person was killed and 45 were injured in the plane crash.
(B) The plane crash killed one person and injured 45.

(7)

(A) The woman forgot her bank card security code.
(B) The woman's bank card security code was forgotten.

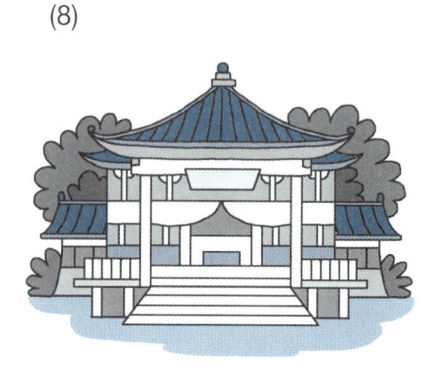

(8)

(A) Someone built this temple in around 1520, i.e. in the middle of the Muromachi era.
(B) This temple was built in around 1520, i.e. in the middle of the Muromachi era.

Training ②

カッコ内に適切な語句を入れ、日本語が示す事柄・内容を英語で述べてください。

(1) その政治家のスキャンダルは、瞬く間にマスコミの知るところとなった。
The scandal involving the politician quickly became known [   ] the media.

(2) どうやらオートインディア社は、当社の機械加工技術に興味を持っているらしい。
Apparently, AutoIndia Inc. is interested [   ] our machine processing technique.

(3) あいにく、この種の損害は保険の適用を受けられません。
Unfortunately, this sort of damage cannot be covered [   ] insurance.

(4) 契約が締結され、グレッグは達成感で一杯だった。
Since the contract was closed, Gregg was filled [   ] a feeling of accomplishment.

(5) 意外にも、このウォッカはジャガイモでできているそうだ。
Surprisingly, I hear this brand of vodka is made [   ] potatoes.

(6) 巨大なマグロが、特製の包丁一本で解体された。
The massive tuna was filleted [   ] a specially-made knife.

(7) ハンコック氏の慧眼には、いつも驚かされる。
We are always surprised [   ] Mr. Hancock's insight.

Training ③

下線部に誤りがあれば正しい形に直し、英文記事を校正してください。

(1)

Eleco president Tani to resign, executive Kawabe named successor

Eleco, Inc. announced Wednesday that Makoto Tani will (A) be stepped down as its president in June, and he has picked as his successor executive Taro Kawabe, who (B) will be expected to maintain Tani's business policy.

Tani, who is to become a company adviser and (C) be remained on the board, will (D) succeed managing executive officer Kawabe following the company's annual shareholders' meeting in June, the company said.

Kawabe, who (E) was joined Eleco in 1994 after (F) being graduated by Toto University, has worked on developing Eleco's strategic products for the global market.

His career has also (G) was involved in heading up Eleco's sales subsidiary in the United States. He has supervised the company's production in China since September 2010.

(2)

Betta in hospital after crash

Antonio Betta (A) was crashed with his Mercury car and (B) was taken to the hospital during a Formula One testing session on Saturday.

It was after the session (C) was stopped that Betta went off the track at turn five and (D) was slammed by the rear left side of his Mercury into the wall.

Team Mercury said the Italian driver was perfectly conscious and had conversations with the doctors before (E) airlifting helicopter to a nearby hospital for precautionary checks. The team later added that he (F) was unharmed other than a concussion he (G) was received in the accident.

PART 6

「動詞＋α」の8つの型

　動詞はコト(事態)を語る際の中心になります。しかし、動詞だけで事態を語るわけではありません。動詞のあとにくる共演情報(α)が必要です。共演情報の配列の仕方が動詞の構文ということになりますが、このネットワークに含まれる8つの型が英語表現の基本です。それぞれの「動詞＋α」に例文を加えると、動詞の文法の最重要部分を押さえることができます。

　αにひとつの情報が入る場合は、名詞、形容詞、副詞、前置詞句のいずれかです。そして、次のような組み合わせのパターンがあることがわかります。動詞のあとに何もいらないのをA「動詞＋0」とすると、他は次のようになります。

A. 「動詞＋0」

B. 動詞＋ 名詞 / 形容詞 / 副詞 / 前置詞句

C. 動詞＋名詞＋ 名詞 　　D. 動詞＋名詞＋ 形容詞 / 副詞 / 前置詞句

動詞的要素がαにくる場合も、次のような関係性がみられます。

E. 動詞＋ to do / doing / do / done

F. 動詞＋名詞＋ to do / doing / do / done

また、名詞節を使って、次のふたつをつくることもできます。

G. 動詞＋ that（wh）節
H. 動詞＋名詞＋ that（wh）節

上記をネットワーク化すると右ページのようになります。

「動詞＋α」のネットワーク

動詞＋α

- **A.** 動詞＋0   It all **depends**. すべて時と場合によりけりだ。

- **B.** 動詞＋
  - 名詞　　I **opened** the door. ドアを開けた。
  - 形容詞　I'm just **fine**. 私は大丈夫。
  - 副詞　　She **lives** alone. 彼女はひとりで暮らしている。
  - 前置詞句　She **looks** in a gloomy mood today.
  　　　　　彼女は今日は憂鬱そうだ。

- **C.** 動詞＋[名詞＋名詞]
  - He **sent** her an email. 彼は彼女にeメールを送った。
  - Don't **call** me a liar. 私を嘘つき呼ばわりするな。

- **D.** 動詞＋名詞＋
  - 形容詞　You don't have to **make** things difficult.
  　　　　　わざわざものごとを難しくすることはないよ。
  - 副詞　　He **left** his son overseas.
  　　　　　彼は息子を海外に残した。
  - 前置詞句　She **put** the dishes on the table.
  　　　　　彼女はお皿をテーブルに置いた。

- **E.** 動詞＋
  - to do　Don't **forget** to call me tonight.
  　　　　今夜忘れずに私に電話してね。
  - doing　Would you **mind** waiting here a while?
  　　　　ここでお待ちいただいてもかまいませんか。
  - done　Let's **get** started.
  　　　　じゃあ、はじめましょう。

- **F.** 動詞＋名詞＋
  - to do　I **want** you to do it. あなたにそれをやってほしい。
  - doing　Let's **keep** it going. それをずっと続けよう。
  - do　　I'll **make** him do it. 彼にそれをさせよう。
  - done　I'll **get** the car started. 車を発車させよう。

- **G.** 動詞＋[that節／wh節]
  - The problem **is** that nobody finds that.
  　問題は誰もそれに気づいていないことだ。
  - I don't **know** what will happen in the future.
  　将来、何が起きるかわからない。

- **H.** 動詞＋[名詞＋that節／wh節]
  - She **told** us that she had been wrong.
  　彼女は私たちに自分は間違っていたと言った。
  - She **asked** us what she should do next.
  　彼女は私たちに次に何をすべきか尋ねた。

Training ①

各英文の動詞に適切な語句を続け、日本語の趣旨に沿った業務報告・業務連絡を行ってください。

(1)

> ハウエル食品が、冷凍食品市場では依然トップを維持している。

Recent research says that Howell Food Inc., one of our biggest competitors, **remains** _____.

(2)

> インフルエンザにかかった従業員は、医師の許可が出るまで自宅待機するように。

We suggest that employees who have a diagnosis of flu **stay** _____ until their doctors approve their going back to work.

(3)

> 本館でインターネット回線が不通になったのは、午後4時ごろだった。

According to the report, the Internet connection **went** _____ in the main building.

(4)

> 会社は明日、野村武氏を財務部長に任命する旨、発表する予定。

The company is going to announce officially that they will **appoint** _____ as of tomorrow.

(5)

> このプロジェクトには、年間30万ドル以上かかる見込みだ。

According to an estimate from the Financial Department, this project will **cost** _____ a year.

(6)

防犯上、ドアに施錠せずに研究室を離れないように。

For security purposes, please be sure not to **leave** _____ even when someone is inside.

(7)

同社へ日参し、技術協力をしてもらえるよう説得した。

We visited them repeatedly to **talk** _____ providing us with technical support for our future projects.

(8)

従業員の副業は、就業規則で禁じられている。

The company regulations strictly **prohibit** _____ a second job.

(9)

トラックへの積み込みを4:30までに終えたので、翌日の午前中に納品できた。

We finished **loading** _____ all the packages by 4:30 p.m. so that we could deliver them the next morning.

(10)

梱包に砂が混入したのは、風で倉庫の扉が開いて砂が入り込んだため。

The cartons became sandy because a wind **blew**_____ and the sand came in.

Training ②

日本語を参考にしながら、話者の気持ちになって、太字の動詞に続くカッコ内に適切な語句を続け、英語のやりとりを完成させてください。

(1)
A: I **intended** [　　] today because of my diet, but I couldn't.
（お昼ご飯を抜いてダイエットするつもりだったのに、できなかった）
B: That's good. You should eat regularly for your health.
（それでいいよ。健康のためには規則正しく食べたほうがいい）

(2)
A: Did you meet Maureen yesterday?（きのうモーリーンに会ったの？）
B: Yeah. I really **enjoyed** [　　] her until late at night.
（うん。夜遅くまで一緒におしゃべりして、本当に楽しかった）

(3)
A: Ah, Mr. Yabe really frustrates me!
（あー、矢部さんには本当にイライラするわ！）
B: Don't **get** [　　] on him.
（やめて、あの人のこと言い出したら、私も止まらなくなるから）

(4)
A: **Allow** [　　] briefly.（簡単に自己紹介させていただけますか）
B: Sure.（もちろんです）

(5)
A: I didn't understand his lecture very well.
（彼の講演内容、よく理解できなかったな）
B: His point **was** [　　] an adequate return on investment.
（論点は、我々は適切な投資利益を上げる必要があるってことだよ）

(6)
A: Our Osaka office will be closed next month. I didn't expect it at all.
（うちの大阪事務所が来月、閉鎖されるなんて。寝耳に水だよ）
B: We don't **know** [   ] next.（次に何が起きるかわからないな）

(7)
A: Could you calculate this and **see** [   ] our budget for the next quarter?（これを計算して、次の四半期の予算をどのくらい増やせばいいか出してくれますか）
B: OK. I'll work on it immediately.（わかりました。すぐにやります）

(8)
A: I can't open this file. Is it too big?
（このファイル、開けないんだ。大きすぎるのかな）
B: It doesn't **matter** [   ]. Maybe it's the file type.
（ファイルの大きさは関係ないよ。たぶんファイルの種類が問題なんだろう）

(9)
A: I have to go now, so could you **inform** [   ] by e-mail later?
（もう行かなくちゃいけないの。後でメールで詳細を教えていただけますか）
B: Sure. No problem.（わかりました。そうします）

(10)
A: Could you **ask** [   ] not to have a meeting today?
（ポーラに、きょう会議をやるのかやらないのか聞いてくれますか）
B: Didn't you see the e-mail from her? The meeting was canceled.
（彼女からのメール、見てないの？ 会議はなくなったよ）

PART 7

形容詞構文　判断・評価を加える

　形容詞には名詞の前につく「限定用法」に加え、文の述部として機能する「叙述用法」があります。形容詞の叙述用法は、このネットワークに含まれる7つの構文を作り、英語表現に貢献しています。基本となるのは「名詞＋BE＋形容詞」ですが、そこから展開する構文を使いこなせるようにしておきましょう。「名詞＋BE＋形容詞＋to do」と「It is＋形容詞＋to do」の使い方はしっかり押さえておきたいところです。

形容詞の叙述用法ネットワーク

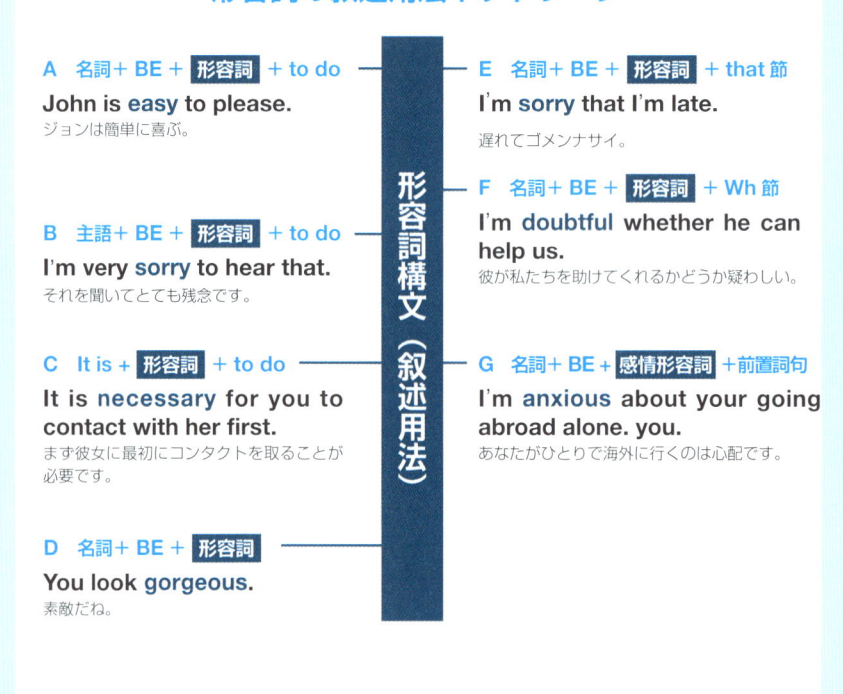

形容詞構文（叙述用法）

A　名詞＋BE＋ 形容詞 ＋to do
John is **easy** to please.
ジョンは簡単に喜ぶ。

B　主語＋BE＋ 形容詞 ＋to do
I'm very **sorry** to hear that.
それを聞いてとても残念です。

C　It is＋ 形容詞 ＋to do
It is **necessary** for you to contact with her first.
まず彼女に最初にコンタクトを取ることが必要です。

D　名詞＋BE＋ 形容詞
You look **gorgeous**.
素敵だね。

E　名詞＋BE＋ 形容詞 ＋that節
I'm **sorry** that I'm late.
遅れてゴメンナサイ。

F　名詞＋BE＋ 形容詞 ＋Wh節
I'm **doubtful** whether he can help us.
彼が私たちを助けてくれるかどうか疑わしい。

G　名詞＋BE＋ 感情形容詞 ＋前置詞句
I'm **anxious** about your going abroad alone. you.
あなたがひとりで海外に行くのは心配です。

Training ①

日本語が示す事柄・内容を述べるために、より適切なほうの英文を選んでください。

(1) このノートパソコンは、ジュリアが持ち歩くには重すぎる。
  (A) It is too heavy for Julia to carry this laptop PC.
  (B) This laptop PC is too heavy for Julia to carry.

(2) 大型の廃棄物が出た場合、まず総務部のケート・ウェストに連絡する必要があります。
  (A) It is necessary to contact Kate West in the General Affairs Dept. first when you have bulky trash.
  (B) You are necessary to contact Kate West in the General Affairs Dept. first when you have bulky trash.

(3) これらの梱包は、出荷待ちの状態です。
  (A) These cartons are ready to be shipped.
  (B) It is ready to ship these cartons.

(4) 明日までにこれを仕上げるのは無理ですね。
  (A) I am impossible to finish this all by tomorrow.
  (B) It is impossible for me to finish this all by tomorrow.

(5) パターソンさんが会社を辞めるとは、大変残念です。
  (A) I am very sorry to hear Mr. Patterson will leave the company.
  (B) It is very sorry for me to hear Mr. Patterson will leave the company.

(6) 来週は、午後2時以降ならいつでもお手伝いできますよ。
  (A) I will be available to help you anytime after 2:00 p.m. next week.
  (B) It will be available for me to help you anytime after 2:00 p.m. next week.

(7) ランディーのパソコンは古すぎて、この最新の表計算ソフトが使えなかった。
  (A) It was too old for Randy's computer to use this latest spreadsheet app.
  (B) Randy's computer was too old to use this latest spreadsheet app.

Training ②

文脈・内容を考えながら適切なほうの形を選び、英語のやりとりを完成させてください。

A: Did you hear Tom is going to quit?
B: Yeah. (1)[(A) It's always sad / (B) I'm always sad] to hear one of our colleagues is leaving the company.
A: But (2)[(A) It is happy for Tom / (B) Tom is happy] to be leaving since he was headhunted on better terms.
B: I envy him. I've thought of changing my job several times, but I couldn't.
A: Me too. (3)[(A) We're quite risky / (B) It's quite risky] for us to change our jobs thinking about our ages and families.
B: (4)[(A) Tom is fortunate / (B) It is fortunate for Tom] to be single and young.
A: Yes, but I believe we still have chances.
B: I hope so.
A: By the way, do we need to attend the training session tomorrow afternoon? (5)[(A) I won't be available / (B) It won't be available for me] after 1:00 tomorrow.
B: If we miss it, I think (6)[(A) we will be necessary / (B) it will be necessary for us] to take part in the online makeup session in two weeks.

Training ③

日本語を参考にしながらカッコ内に適切な語を入れ、英語のやりとりを完成させてください。

(1)
A: Debby, please don't be so mad [　　] me.
（デビー、頼むから僕に腹を立てないでくれよ）
B: I'm not angry, I'm just sad.（腹を立ててるんじゃないの。ただ悲しいのよ）

(2)
A: I wonder why Pamela wouldn't come to our house.
（なんでパメラはうちに来ようとしないんだろうな）
B: She's afraid [　　] our dog. She hasn't liked animals since she was a child.（うちの犬が怖いのよ。子どものころから動物嫌いだから）

(3)
A: I'm really anxious [　　] the company's future.
（会社の将来が本当に心配だよ）
B: Me, too. Business has been so slow lately.
（そうだね。このところ業績が悪すぎるよ）

(4)
A: Belinda always talks about her son.（ベリンダは息子の話ばかりしてるな）
B: She's so proud [　　] him. You know, he graduated first in his school.（息子さんが本当に自慢なのよ。何しろ学校を首席で卒業したんだから）

(5)
A: Professor, why did you decide to become a psychologist?
（先生、どうして心理学者になろうとお考えになったのですか）
B: I was curious [　　] the humans mind.
（人間の心に興味があったからですよ）

(6)
A: Ronald was humming a tune. Quite unusual!
（ロナルドが鼻歌を歌ってたよ。珍しいこともあるもんだ！）
B: He was so happy [　　] his sales result.
（よっぽど自分の営業成績がうれしかったんだよ）

第2部 総合問題

Training ①

Okonomiyaki Recipe

①
Mix together the flour, salt and baking powder with the water after you [(A) shred the cabbage and shell the shrimp / (B) shredded the cabbage and shelled the shrimp / (C) had shredded the cabbage and had shelled the shrimp].

②
Heat the griddle. While it [(A) heated / (B) is heating / (C) has heated], add all the remaining ingredients and mix them together.

③
After you make sure the griddle is hot enough, you [(A) are about to / (B) shall / (C) need to] oil it lightly.

あなたは、外国人に日本の文化や作法を説明する英語のウェブサイトを作っています。イラストに応じて適切な語句を選び、説明文を完成させてください。

④
Spoon the *okonomiyaki* mixture on the griddle, and spread it out until it [(A) is / (B) will be / (C) will have been] a circle about 1.2 to 1.5 centimeters thick.

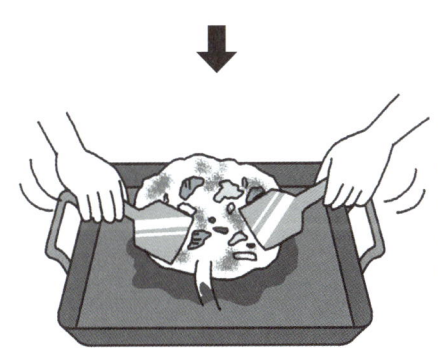

⑤
When bubbles start to rise in the middle of the *okonomiyaki*, turn it over with spatulas. Press it down slightly with the spatulas while you [(A) frying / (B) are frying / (C) are fried] it.

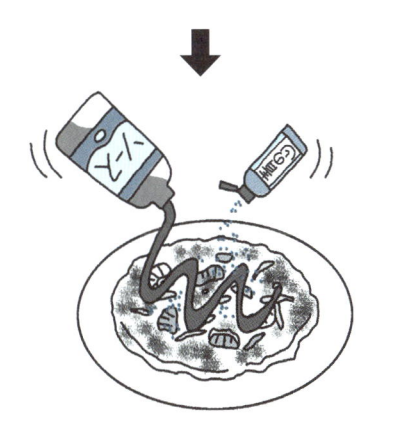

⑥
Spread the sauce over the *okonomiyaki*, and top it with mayo if you like. Sprinkle on seaweed powder and dried bonito. Now [(A) it is ready to eat the *okonomiyaki* / (B) the okonomiyaki is ready to eat / (C) you are ready for the *okonomiyaki* to be eaten].

Training ②

(1)

Daniel Richardson
12 hours ago

Look! I [(A) am flying / (B) fly / (C) have been flying]!

👍 28 people like this.

Dave Mice Come on! This [(A) must / (B) will / (C) would] be a new attraction at the theme park.
6 hours ago · Like

Julie Kim Exciting! I [(A) am about to / (B) will / (C) shall] join you next time.
2 hours ago · Like

Tony Ashton Who took this picture? Selfie?
1 hour ago · Like 👍 1

Don McDonald Congrats! You [(A) make / (B) will make (C) have made] your dream come true.
1 hour ago · Like 👍 2

それぞれの立場に身を置いて、最も適切な語句を選び、英語で SNS のメッセージを書いてください。

(2)

Nick Peterson
8 hours ago

I [(A) wait / (B) am waiting / (C) will wait] for my flight.

12 people like this.

Alice Henderson Take care. BTW, which [(A) is / (B) will be / (C) is going to be] your destination?
7 hours ago · Like 1

Kenneth Summers [(A) Are you coming / (B) Will you come / (C) Do you come] to LA? Let's have a beer together.
2 hours ago · Like 1

Nick Peterson That's right, Ken. I [(A) am calling / (B) will call / (C) will be calling] you as soon as I arrive.
1 hour ago · Like 1

(3)

Carol Fuller
5 hours ago

Finally I [(A) did / (B) have done / (C) have been doing] it!

👍 41 people like this.

Kate Penski Carol, [(A) did / (B) do / (C) would] you make it for your son?
2 hours ago · Like

Jimmy Kirk Good job, Carol. Actually my birthday [(A) is / (B) will be / (C) is going to be] next month.
1 hour ago · Like 👍 2

Naomi Santos Looks delicious! Marty will definitely be proud [(A) at / (B) of / (C) with] his mom.
1 hour ago · Like

第 2 部

解答・解説

Part 1 現在について語る

■ Training 1
訳：(1) 春が来た。
(2) スペインのディフェンダー、トマゾ・アロンソ、英国戦でボールを奪い合う。
(3) スカイウェー、ネットバンクからの財政援助受け入れに合意。
(4) 警官隊、凶悪犯の身柄を確保。

正解：(1) (B)　(2) (A)　(3) (B)　(4) (A)
解説：写真説明文は、過去に起きた事実を伝えるものであっても、原則的に現在単純形で表現するが、(1) の場合は「春の到来」を象徴的に表す写真と考えて、現在完了形を使うのがよい。

■ Training 2
正解：(1) belongs　(2) runs　(3) is living　(4) has lost　(5) Have you had (6) has seen　(7) has improved　(8) am still working　(9) has studied (10) produce　(11) runs　(12) are parked　(13) will soon arrive / will soon be arriving　(14) understands
解説：(3) は temporarily until...（……まで一時的に）と期間が限定されていることから、一時性を表す現在進行形で表現するのが妥当。(4) はブレンダがいまだに携帯電話をなくしたままなので現在完了形。(5) は、すでに昼食をすませているかどうかという、相手の現在の状況を尋ねている。(7) では since 以下に過去の事実が示され、前半の節はその過去の時点から現在までのことが述べられている。(9) では、for over three years（3 年以上の間）という過去から現在までの期間の長さが示されているので現在完了形を使う。(12) では、車が駐車してあるという状態が示されるべきなので、be 動詞を用いる。(13) では will arrive と will be arriving の両方が使える。will arrive なら運行ダイヤを客観的に伝える感じ、will be arriving と進行形にすると駅へ接近している列車の現状を具体的に説明する感じが強くなる。

■ Training 3
訳：(1) 老人は丸眼鏡を掛けている。
(2) 男性は昼食を終えたところだ。
(3) 女性たちはコーヒーを飲みながらおしゃべりしている。
(4) 女性は昼食をトレーに載せて運んでいる。
(5) 男性はコーヒーが出来上がるのを待っている。
(6) 若い男性は昼食に手をつけようとしている。
(7) 女性たちは立ち話をしている。
(8) 中年の男性は白髪頭だ。

正解：(1) wears　(2) has just finished　(3) are chatting　(4) is carrying　(5) is waiting　(6) is about to eat　(7) are standing and talking　(8) has
解説：(1) の wear は「身につけている」状態を表す動詞なので、wears という現在単純形を用いる。(2) は「ちょうど食べ終えたところ」を現在完了形で表すのがよい。(6) は「今まさに食べようとしているところ」と捉えれば be about to... を用いるのが妥当。「食べているところ」と捉えるなら is eating と現在進行形にしてもよい。(8) の have は、風貌や身体的特徴など、人が恒久的な属性を「備えている」ことを表す動詞で、現在単純形で表す。

Part 2 過去を回想して語る

■ Training 1
正解：(1) (B)　(2) (C)　(3) (A)　(4) (C)　(5) (C)　(6) (B)　(7) (C)
解説：(1) では、when 節で示された事柄が起きた時点でグレッグが何をやっていたかを、過去進行形で表すのが妥当。(2) では、when 節で示された事柄が起きるよりも前の状況を、過去完了形で表すのがよい。(4) では、過去の習慣的な行動を表す used to... を用いる。(7) では、before 以下の節で示された事柄よりも前に起きていたことを、過去完了進行形で表す。

■ Training 2
(1)
訳：出張報告書
　　氏名・所属：マーク・トウゴウ、営業部
　　出張日：2015 年 2 月 23 日～ 24 日
　　出張目的：営業およびプレゼン
　　出張先：共同電子社
　　訪問相手：岩井様ほか、共同電子スタッフ
　・奈良県の共同電子を、技術開発部のチャンさんと訪問。岩井様と川田様に会う。両氏は技術関係のご担当。
　・前の週に準備したプレゼン、成功裏に終える。
　・質疑応答を 30 分以上。先方は当社の新しい SSD に関心があるもよう。
　・同社は長年にわたりデータ圧縮の問題に取り組んできたとのことで、当社の新製品が打開策のひとつになりうるという。
　・仕入れご担当の園部さまが遅れて打ち合わせに参加、販売契約の可能性について協議。
　・辞去前に、予定外ながら、共同電子 CEO の谷様にごあいさつ。

正解：(A) are　(B) had prepared　(C) seemed　(D) had / have been tackling　(E) had not expected
解説：(B) は the previous week（その前の週に）とあるので過去完了形が妥当。(D) は、They said... の時点までに「長期間取り組んできた」と解釈すれば had been tackling だが、その取り組みがこの報告書執筆時点でも終わっていないと解釈すれば、have been tackling と現在完了進行形にしてもよい。(E) は事前に予想していなかったことを表現すべきところなので、過去完了形にする。

(2)
訳：10 月 15 日（月）：疲れた。3 時から営業の人たちとの長い非生産的な会議があって、残業する気力を失った。

10月16日（火）：仕事の後でハンナと会って夕食。彼女が予約を入れてくれていたので、あの混雑するレストランで待たずにすんだ。食事と、数時間会話を楽しんだ。
10月17日（水）：今日は有休を取った。休むつもりではなかったが、朝起きたら頭痛がひどかったので、上司に電話した。これは全部、ゆうべハンナと空けたワインボトル2本のせいだ。
10月19日（金）：長い苦情電話に応対している最中に、アダムズさんが訪ねてきた。30分以上待たせてしまったので、彼は腹を立てたにちがいない。顔には出していなかったが。

正解：(A) lost　(B) had reserved　(C) had not planned　(D) woke up　(E) was handling
解説： (B) は「事前に予約していた」ということだから過去完了形。(C) は、起床前には予定していなかったことなので過去完了形で表す。(E) は、アダムズさん来訪時の状況を表すべきところなので、過去進行形を使うのが妥当。

■ Training 3
(1)
訳：顧客サービス課が技術部に製品の検査を依頼。当該製品は、不良品ではとの指摘で購入者から返品されてきたもの。
技術部の報告は、部品のひとつに破損を見つけて、技術部が欠陥製品であると報告してきた。
実のところ、同様の問題が過去に一度、発覚しており、技術部門と製造下請け業者との間で解決策が検討されていた。

正解：(A) had been　(B) was　(C) had　(D) had been
解説： (A) は、製品の検査を依頼した時点ですでに返品されていたことを表すので、過去完了形が妥当。(B) は、報告がなされた時点での製品の状態を表すので過去単純形、(C) は、報告よりも前に起こったことなので過去完了形が妥当。(D) は、今回の一連の出来事よりも前から継続されていたことを表現すべきところなので、過去完了形とする。

(2)
訳：問題が起きたのは「登録」ボタンをクリックしたときです。「全項目を入力してください」という表示が立ち上がったので、メイン画面に戻り、すべての欄が入力ずみであることを確認しました。
最初のページに戻って、もう一度最初からやり直すしかありませんでした。しかし、最初からやり直しても、また同じところで引っ掛かってしまうのです。
「登録」をクリックする前に、ほかに何をしておけばよかったのでしょうか。

正解：(A) なし　(B) were　(C) got　(D) had
解説： (A) では when 節が同時性を表しており、click という動詞が瞬間的な動作を表すので、特に何も入れる必要はない。(B) には、確認した時点での入力欄の状態を表す be 動詞の過去形 were を入れるのが妥当。(D) は clicked "Register" よりも前の行為を表すので、過去完了形にする。

Part 3 未来を展望して語る

■ Training 1
正解：(1) (A)　(2) (B)　(3) (C)　(4) (B)　(5) (A)　(6) (B)　(7) (C)
解説：(1) では、「次の停車駅」を既定のものと考えて現在単純形を用いる。ただし、列車の運行の時間的な流れに目を向けた場合には、「次に停車する予定の駅」という意味で Will the next station be... と言うこともできる。(2) は、すでにサミーに会おうとしている状況なので、現在進行形が妥当。(3) は未来に計画されている事柄を表すので、be going to... を使うのがよい。(5) のような瞬間的な意志を表すには will を用いる。(6) では、「来年の今ごろ」という未来の時点ですでに終わっていることを、未来完了形を用いて表す。

■ Training 2
(1)
訳： 送信者：angela-au@interfood.com.hk
　　宛先：k.tashiro@interfood.co.jp
　　件名：香港へのご出張
　　田代さん
　　3 日間のご予定で香港へいらっしゃる件につき、当方で調整させていただいたスケジュールをお知らせいたします。
　　ご到着予定日の夜 7 時から、マーズ・ホテルで当事務所のマイケル・チェンとご会食いただきます。
　　金曜日は、ご滞在中最もお忙しい日になるでしょう。午前中に会議に出席していただき、それからマイケルと客先を回っていただいた後、6 時半から支社長のウォン氏とのご会食があります。
　　最終日には、短時間でマカオを観光なさるご予定と伺っています。ご旅行をお楽しみいただき、無事ご帰国なさいますよう。
　　以上、よろしくお願いいたします。
　　営業副部長　アンジェラ・オウ

正解：(A) have　(B) will be　(C) are supposed　(D) have
解説：(A) は、実際の会食は未来のことだが、そのアポイントメントはすでに入っていると考えるべきなので、現在単純形とするのが妥当。(C) の be supposed to... は「……する予定になっている」という現状を表すので、現在単純形にする。(D) は未来のことではあるが、before に導かれる時を表す副詞節の中なので、現在単純形とする。

(2)
訳： 3 月 16 日から大阪の営業課で勤務を開始する予定なので、新しいアパートへはその前日までに引っ越しておかなければならない。荷造りは今度の土曜日までか、遅くとも日曜日の正午までには終わらせるつもりだ。引っ越し業者のトラックが日曜日の 1 時に来てしまうからだ。
　　21 日には新居の近所をあいさつ回りしようと思っているので、来週のどこかで粗品を買いに行かなければならない。それから、3 月 23 日には半休を取って、市役所へ住民登録に行くつもりだ。

正解：**(A) am going to start　(B) will finish　(C) am planning　(D) will take**
解説：(A)には、未来の予定・計画を表す be going to... を用いる。(B)(D) には、意志を含んだ未来を表す will を用いるのが妥当。

Part 4 話し手の態度を表す [法助動詞]

■ Training 1
正解：**(1) (C)　(2) (C)　(3) (B)　(4) (B)　(5) (B)　(6) (C)　(7) (C)**
解説：(1) では、当然のこととして助言するときに使う法助動詞 should が妥当。had better には「……しないとまずいことになる」という警告のニュアンスがあり、この文には当てはまらない。(2) には「……にちがいない」の意味で must を用いる。(4) の must は「何としても……すべきだ、……しなければならない」の意味。(5) では、契約書や法令などの文言中で「……するものとする」の意味を表す shall を用いるのがよい。(7) の would は、過去における動作主の強い意志や固執を表すもの。

■ Training 2
(1)
訳：静止画像を記録する
　　SD メモリーカードを使って静止画像を記録できます。
　　■撮影ボタンを半押しする
　　モニター画面中央の被写体にピントが合います。ピントが合ったら、LCD モニター内の緑色のマークが紫色に変わります。
　　■撮影ボタンを完全に押し込む
　　画像が記録されます。数秒後、撮影された画像が約 3 秒間、画面に表示されます。紫色のマークが緑色に戻ったら、次の画像撮影ができます。

正解：**(A) can　(B) will　(C) will　(D) will　(E) will　(F) can**
解説：(A)には可能を表す法助動詞 can を用いる。この場合の can は、主語 you の能力ではなく、you がこの機器の機能を利用して実現できることを表す。(B) から (E) は、機械の作動の流れを時間軸に沿って表しており、いずれにも「次に起きること」を表す will を用いるのがよい。

(2)
訳：タブレット型 PC を機内に持ち込んで旅行するには
　　当エアラインは、機内モードに切り替えることを条件にタブレット PC の電源を入れたまま使用することを了承いたします。機内モードでは無線 LAN やブルートゥースが無効になるため、インターネットへの接続が必要な機能は利用できません。それ以外の、無線接続が不要なアプリはご利用いただけます。
　　ご注意：
　　万が一、危険な状況に結びつくかもしれない使い方を避けるための重要な情報が、24 ページに掲載されています。

正解：**(A) may　(B) can't　(C) can　(D) could**
解説：　(A) には文脈上、五分五分の確立を表す推量の法助動詞 may が最も妥当性が高いと考えられるが、might と過去形にして許可される確率を下げたり、will を用いて上げたりと調整することもできる。(D) は、dangerous situations（危険な状況）の発生確率が低いという前

提で、万が一起こりうるというニュアンスを含んだ could を用いるべきところ。

Part 5 態　対象に視点を置いて語る

■ Training 1
訳：(1) (A) 多くの人々が長引く不況のせいでリストラされた。
　　　　(B) その会社は、不況のせいで多くの人々をリストラした。
　　(2) (A) これらの家具は選び抜かれた木材で作られている。
　　　　(B) 誰かがこれらの家具を、選び抜かれた木材を使って作った。
　　(3) (A) そのパソコンは意図的に破壊された。
　　　　(B) 若い男がそのパソコンを意図的に破壊した。
　　(4) (A) 山田さんに請求された費用は、すでに支払われている。
　　　　(B) 山田さんはすでに請求された費用を支払っている。
　　(5) (A) 彼らはこの女優をアカデミー賞に2度ノミネートした。
　　　　(B) この女優はアカデミー賞に2度ノミネートされた。
　　(6) (A) その飛行機事故で、ひとりが死亡、45人が負傷した。
　　　　(B) その飛行事故は、ひとりの命を奪い、45人を負傷させた。
　　(7) (A) 女性はキャッシュカードの暗証番号を忘れてしまった。
　　　　(B) 女性のキャッシュカードの暗証番号は忘れられてしまった。
　　(8) (A) 誰かがこの寺院を1520年ごろ、つまり室町時代中期に建設した。
　　　　(B) この寺院が建設されたのは1520年ごろ、つまり室町時代中期だ。

正解：(1) (A)　(2) (A)　(3) (B)　(4) (A)　(5) (B)　(6) (A)　(7) (A)　(8) (B)
解説：動作や行為の主体に応じて態を決める。(1) では they に当たる会社当局を想起させるものがイラストに見られない。(2) では家具の製作者に視点が置かれているわけではない。(3) では明確に破壊行為の動作主に焦点が置かれている。(4) では、請求された金を本当に山田さんが払ったのかどうかは不明。(6) では、事故現場の被害状況を伝える文の主語に、イラストに見られない「航空機の墜落」を置くのは不適切。

■ Training 2
正解：(1) to　(2) in　(3) by　(4) with　(5) from　(6) with　(7) by
訳：(1) の know は、受動態で使われると動作主に当たるものを導く前置詞に to が用いられる。be known to... で「……に知られる」、become known to... で「……に知られるようになる」の意味。(5) では、「材料」を表す語句を導く from を用いて be made from...（……でできている）という形を成立させる。(6) では「道具」を表す語句を導く with を用いる。(7) では、個別的な出来事ではなく、恒常的に we を驚かせる主体を導くということで by を用いるのが妥当。

■ Training 3
(1)
訳：
エレコ社長の谷氏、退任へ。役員の川辺氏が後任
エレコ社は水曜日、谷誠氏が6月で社長職を辞し、後任に取締役の川辺太郎氏を指名したと発表した。川辺氏は谷氏の経営方針を継承する見込み。
同社によると、谷氏は相談役に退くが取締役には留任、常務取締役の川辺氏が、6月の年次株主総会を経て後任の座に就く。

川辺氏は、東都大学卒業後、1994年にエレコに入社。同社の海外市場向け戦略商品の開発を手掛けてきた。
川辺氏はまた、エレコの米国販売子会社を率いた経験も持つ。2010年9月からは、エレコの中国における生産を指揮してきた。

正解：(A) step down　(B) is expected to maintain　(C) remain　(D) be succeeded by　(E) joined　(F) being graduated from / graduating from　(G) involved
解説：(B) の be expected to... は現状における未来の見込みを表現するのに用いられるので、be 動詞は現在形とする。(D) の succeed は「……を継承する」の意味の他動詞であり、ここでは主語の Tani は Kawabe に「継承される」立場なので、受動態にする。(F) の graduate は、受動態 be graduated from... または能動態 graduate from... のどちらの形でも「……を卒業する」の意味を表す。米語では能動態のほうがよく使われる傾向がある。いずれにせよ、前置詞には from が用いられる。

(2)
訳：ベッタ、事故で入院
アントニオ・ベッタは土曜日、F1 の試験走行中にマーキュリーの車を運転して衝突事故を起こし、病院へ搬送された。
試験走行終了後にベッタが運転する車は第5コーナーでコースからそれ、車の左後部を塀に衝突させた。
チーム・マーキュリーによると、くだんのイタリア人ドライバーの意識ははっきりしており、会話も交わせる状態だったが、ヘリコプターで近隣の病院へ空輸され、万が一に備えて検査を受けたという。チームはその後、ベッタは事故で脳震とうを起こしたものの、他にけがはなかったと述べた。

正解：(A) crashed　(B) ○　(C) ○　(D) slammed　(E) being airlifted by　(F) ○　(G) received in
解説：(A) の crash は「……（自動車など）を衝突させる」の意味を表す他動詞なので、下線部直後の his Mercury car を目的語として能動態で用いるのが妥当。(D) は slam A into B (A を B にたたきつける) の形が使われていると考えられる。(E) は、the Italian driver (= Betta) を主語 (主体) とする節の一部なので、Betta was airlifted by helicopter... という文を想定したうえで動詞部分を動名詞化した being airlifted by helicopter... という形を成立させる必要がある。

Part 6 「動詞＋α」の8つの型

■ Training 1
訳：(1) 最近の調査によると、当社の最大の競合相手のひとつであるハウエル食品は、依然として冷凍食品市場でトップを守っています。
(2) インフルエンザと診断された従業員は、医師が業務への復帰を許可するまで自宅に留まるようにしてください。
(3) 報告を受けたところでは、午後4時ごろに本館でインターネットの接続が切れたそうです。
(4) 会社は、明日付で野村武を財務部長に任命する旨を公式に発表する予定です。
(5) 経理部の試算によると、このプロジェクトには年間30万ドル以上のコストがかかる

見込みです。
(6) 防犯対策として、研究室のドアは、室内に人がいる場合でも、必ず施錠しておいてください。
(7) 先方を何度も訪問し、当社の将来のプロジェクトに技術協力をしてくれるよう説得しました。
(8) 会社の就業規則で、従業員が副業に従事することは厳しく禁じられています。
(9) すべての梱包を午後4時半までにトラックに積み終え、翌日の午前中に納品することができました。
(10) 箱に砂が混入したのは、風で倉庫の扉が開いてしまい、砂が入り込んできたためです。

正解：(1) at the top of the frozen food market　(2) home　(3) dead at around 4:00 p.m.　(4) Takeshi Nomura financial director　(5) us over 300 thousand dollars　(6) the laboratory door unlocked　(7) them into　(8) employees from having　(9) the truck with　(10) the warehouse door open

解説：(1) の remain は be 系動詞なので、is at the top of the frozen food market（冷凍食品市場のトップにいる）という表現を想定できればよい。(2) の home は副詞。(3) では go dead（不通になる）という「動詞＋ done」の形を使う。(4) の appoint は「動詞＋［名詞＋名詞］」の形をとる。この［名詞＋名詞］は「人物＋役職」である。(6) の leave は「動詞＋名詞＋ done」の形で使われる。(7) では talk... into ～（……を説得して～させる）の形を用いるのがよい。(8) では prohibit... from -ing（……が～するのを禁じる）の形を用いるのが妥当。(9) は ...loading all the packages on the truck... という形も可能。

■ Training 2
正解：(1) to skip lunch　(2) talking with　(3) me started　(4) me to introduce myself　(5) that we need to achieve　(6) what will happen　(7) how much we should increase　(8) how big the file is　(9) me of the details　(10) Paula whether or

解説：(1) の intend は、to 不定詞を目的語にとれるが動名詞はとれない。(2) の enjoy は、動名詞を目的語にとれるが to 不定詞はとれない。(3) の Don't get me started (on...) は定型表現のひとつで、「私に（……についての）話を始めさせないでくれ」つまり「(……については）言いたいことが山ほどある」ということ。(4) の allow は「目的語＋ to 不定詞」が後に続き、「……が～することを許す」の意味を表す。(6)(7)(8) は「動詞＋ wh 節」のパターン。(10) は「動詞＋［名詞＋ wh 節］」の形のひとつで、whether or not to... は「……するかしないか」の意味。

Part 7 形容詞構文　判断・評価を加える

■ Training 1
正解：(1) (B)　(2) (A)　(3) (A)　(4) (B)　(5) (A)　(6) (A)　(7) (B)
解説：(2) の necessary は通例、人を修飾しないので、you are necessary という形にはならない。(4) の impossible も同様。(6) の available は、人を修飾して用いられると「（人が）手が空いている、都合がつく」という意味を表す。

■ Training 2
訳：A：トムが辞めるって聞いた？

B：うん。同僚が会社からいなくなるって聞くと、いつも悲しいよ。
A：でも、トムは辞められて喜んでるよ、良い条件で引き抜かれたからね。
B：うらやましいな。僕も何度も転職を考えたけど、うまくいかない。
A：僕もだよ。我々の場合、年齢や家族のことを考えると転職はかなり難しいね。
B：トムは運よく独身だし、若いから。
A：そうだね。でも、僕らにもまだチャンスはあると思うよ。
B：だといいけど。
A：ところで、明日の午後の研修、出なくちゃいけないのかな？　明日は1時以降、都合が悪いんだけど。
B：欠席すると、2週間後にあるオンラインでの補講に参加しなければならなくなるよ。

正解：(1) (A)　(2) (B)　(3) (B)　(4) (A)　(5) (A)　(6) (B)
解説：(2)のhappyは人の気持ちを表す形容詞なので、It is happy... という形で用いることはできない。(3)ではfor usで意味上の主語が示されているので、weではなくitで始まる構文を用いるのが妥当。(4)のfortunateは、原則的に人を主語に置いた構文中で用いる。It is fortunate that... とthat節を従える形は可能。

■ Training 3
正解：(1) at　(2) of　(3) about　(4) of　(5) about　(6) about
解説：(1)のmadはangryと同じで、前置詞atを用いて怒りの対象を表す。(3)では、be anxious about... の形で「……が心配だ」の意味を表す。(5)のcuriousは、be curious about... の形をとって「……に興味がある」の意味を表す。類似の意味を表す形容詞interestedはbe interested in... と前置詞inを伴うので、混同しないように注意。(6)ではaboutを用いて、be happy about...（……に満足している、……がうれしい）の形を成立させる。

総合問題

■ Training 1
訳：お好み焼きの作り方
①　小麦粉、塩、ベーキングパウダーを水と混ぜます。その前に、キャベツを刻み、小エビの殻をむいておきます。
②　鉄板を温めます。鉄板が温まる間に、残りの具をすべて加え、混ぜておいてください。
③　鉄板が十分に温まったことを確かめたら、油を引いてください。
④　お好み焼きミックスをスプーンですくって鉄板の上に置き、1.2～1.5ミリの厚さになるまで丸く広げます。
⑤　お好み焼きの中央が泡立ってきたら、へらでひっくり返します。そして焼きながら、へらで軽く押さえてください。
⑥　お好み焼き全体にソースをかけ、お好みでマヨネーズを加えてください。青のりやかつお節を振りかけます。これで、お好み焼きの出来上がりです。

正解：① (A)　② (B)　③ (C)　④ (A)　⑤ (B)　⑥ (B)
解説：①はafterが導く時を表す副詞節の中なので、調理の手順を表す指示文（＝未来のことを指示する文）とはいえ、述語動詞は現在形で用いる。shredは「……を刻む」、shellは「……の

殻をむく」の意味。②の heat は、「……を温める」の意味の他動詞と「温まる」の意味の自動詞の両方の用法をもつ。while が導く節の中では、述語動詞を進行形で用いるのが妥当。④の until も時を表す副詞節を導く。⑥では、「お好み焼きが出来上がり、食べるばかりになっている」ということから (Now) the okonomiyaki is ready to eat. と表現するのが妥当。

■ Training 2
(1)
訳：ダニエル・リチャードソン：見て！　僕、飛んでます。
　　デーブ・マイス：まさか！　これは遊園地の新しいアトラクションにちがいない。
　　ジュリー・キム：すごい！　次は私も一緒に飛ぶわ。
　　トニー・アシュトン：この写真は誰が撮ったの？　自撮り？
　　ドン・マクドナルド：やった！　夢がかなったね。

正解：(A) (A) (B) (C)
解説：Daniel Richardson の投稿文は、写真の説明とも言えるが、「自分が空を飛んでいるところを見てくれ」というニュアンスが込められいるので、現在進行形でリアルに表現するのがよい。Dave Mice の文は、法助動詞 must を用いて、「そんなはずはない」という強い確信（実際には、友人がスカイダイビングしていることへの強い驚き）を表そうとしていると考えられる。Julie Kim の文は、will を使って意志を表明をしていると捉えるのが妥当。

(2)
訳：ニック・ピーターソン：搭乗待ち中。
　　アリス・ヘンダーソン：お気をつけて。ところで、どちらへ？
　　ケネス・サマーズ：ロサンゼルスに来るの？　それならビール飲もうぜ。
　　ニック・ピーターソン：そうなんだよ、ケン。着いたらすぐに電話するね。

正解：(B) (A) (A) (B)
解説：Nick Peterson の最初の投稿文は、投稿時の状況を述べていると考えられるので現在進行形が妥当。Alice Henderson の文では、your destination（行き先）は決まっているはずなので現在単純形を用いる。Kenneth Summers の文は、スレッド主の Nick Peterson がすでに目的地への移動を開始している状態にあることから、現在進行形で表現するのがよい。最後の Nick Peterson の文では、本人の意志を表す will を用いる。

(3)
訳：キャロル・フラー：ようやくできた！
　　ケート・ペンスキー：キャロル、息子さんのために作ったの？
　　ジミー・カーク：頑張ったね、キャロル。実は僕の誕生日、来月なんだ。
　　ナオミ・サントス：おいしそう！　マーティーは絶対、ママのことを自慢するわ。

正解：(A) (A) (A) (B)
解説：Carol Fuller の投稿文の I did it. は、物事を成し遂げたときに使う決まり文句のひとつ。Jimmy Kirk の文では、誕生日は既定のものであることから、next month という言葉があっても現在単純形で表すのが妥当。Naomi Santos の文では、be proud of...（……を誇りに思う）という表現を用いるのがよい。

第3部

副詞の文法

コトについて語る際には、不可欠な動詞ばかりでなく、コトを取り巻く、時間、場所、方法、様態などの状況についても目が向きます。コトに関わる情報を豊かにするのは副詞の役割です。ここでは副詞の文法に関わる次の5つを重点的にトレーニングします。

Part 1 強弱濃淡のアクセントをつける

Part 2 発話態度を表す

Part 3 さまざまな情報を表す
§1 時間　§2 場所　§3 頻度
§4 様態・付帯状況
§5 手段・道具　§6 目的・結果

Part 4 空間的意味を表す前置詞

Part 5 副詞の位置

PART 1
強弱濃淡のアクセントをつける

　副詞のはたらきのひとつは形容詞に強弱濃淡のアクセントをつけるというものです。その基本となるのは「副詞＋形容詞」ですが、形容詞の強度を調整するだけではなく、写実的に強弱濃淡のアクセントをつける方法が英語にはあります。

　例えば、too...to ～ は熟語として扱われますが、写実的に形容詞のありようを調整する構文として捉えることで、英文法の中でのそのはたらきと位置付けがはっきりしてくるはずです。

強弱濃淡のアクセントをつける表現ネットワーク

強弱濃淡の調整

副詞＋形容詞
- very / extremely
- somewhat / rather
- a little / a bit

It's going to be very hot today. 今日はとても暑くなるぞ。
The situation is extremely serious. 状況は極めて深刻です。
I think this room is a little too small.
この部屋では少し小さすぎます。

形容詞＋ as ＋名詞
poor as a church mouse
教会のネズミのように貧しい 。

a ＋ [範囲設定の副詞＋形容詞] ＋名詞
He is an [internationally well-known] politician.
彼は国際的に有名な政治家だ。

形容詞＋ enough to do
He is rich enough to buy that huge mountain.
彼はあの巨大な山を購入できるほど金持ちだ。

so ＋形容詞＋ that 節
She was so happy that she couldn't help smiling.
彼女はとてもうれしくて笑うのをこらえることができなかった。

too ＋形容詞＋ to do
She was too excited to recognize her friend at the party.
彼女は興奮しすぎてパーティーで友だちに気がつかなかった。

Training ①

日本語を参考にしながら、提示された語句をカッコ内に入れ、英語のやりとりを完成させてください。語句は1回ずつしか使えません。

(1)
A: You look restless.（落ち着かないみたいだね）
B: I'm [(A)] excited. The soccer game is about to start.
（とっても興奮してるんだよ。もうじきサッカーの試合が始まるから）
A: Are you going to watch the game on TV?（テレビ中継、見るの？）
B: [(B)]! Aren't you looking forward to it?
（当然だよ！ 君は楽しみじゃないの？）
A: [(C)], but actually, I'm not [(D)] interested in soccer.
（少しはね。でも、サッカーにはあんまり興味がないんだ）
B: That's [(E)] bad. You're missing one of the greatest things in life.
（それは何とも残念だな。人生最大の楽しみがひとつ少ないってことだよ）
A: It's not that great.（大げさだなあ）

> a little / absolutely / so / too / very

(2)
A: What do you think of the sales strategy presented at the meeting this morning?（今朝の会議で出た営業戦略の話、どう思う？）
B: It's [(A)] possible, but not practical at all.
（理論的にはいけるけど、まるで実際的じゃないね）
A: Even so, once it's approved by the board, we must put it into action.
（でも、役員会で承認されれば、やらなきゃだめでしょ）
B: [(B)]. As corporate employees, we must carry out even an [(C)] absurd plan.（絶対にね。信じられないほど愚かな計画でも、実行しなければならないのがサラリーマンだ）
A: I can't accept it.（納得できない）
B: You should be [(D)] flexible, or you'll lose your job here.
（ちょっとは自分を曲げないと、会社に居られなくなっちゃうよ）
A: No one knows this is what an [(E)] well-known company is like.
（これが世界的に有名な企業の実態だなんて、誰も知らないでしょうね）

a little / definitely / incredibly / internationally / theoretically

Training ②

各英文のペアがほぼ同じ意味になるように、カッコ内に適切な語句を入れてください。1 語とはかぎりません。

(1)
Mr. Schulman was very rich, and he bought a luxury car.
Mr Schulman was rich [   ] buy a luxury car.

(2)
Melinda is transparent. She can't hide her feelings or thoughts.
You can read Melinda [   ] a book.

(3)
Cory was very shocked by the news, and he could not speak for a while.
Cory was [   ] shocked by the news that he could not speak for a while.

(4)
Heather is extremely happy with the current state of affairs.
Heather is as happy [   ] a clam.

(5)
You can learn things regardless of your age.
You are never [   ] old to learn.

(6)
Mr. Simmons was proven to be completely innocent of the charges.
It turned out that Mr. Simmons was as clean [   ] a whistle.

PART 2 発話態度を表す

　副詞には情報表示機能というはたらきがあります。その中で注目したいことのひとつは、文頭に副詞表現を持ってくることで、発話に臨む際の、話し手の態度を表すというものです。

　発話態度といっても、このネットワーク図に見られるように4つの種類があります。例えばsadlyについて「これから語ろうとする状況へのリアクションを行うためにsadlyを使う」と理解することと「sadly＝悲しいことに」と訳語を通して意味を理解するとでは文法力という観点からはだいぶ違いがあります。

発話態度を表す表現ネットワーク

対話に向かう態度
honestly　正直に言えば
frankly　率直なところ
between you and me
ここだけの話だけど

（これから語ろうとする）状況へのリアクション
sadly　痛ましいことに
surprisingly　驚いたことに
unfortunately　運の悪いことに
fortunately　幸運にも

発言内容への確信の度合い
probably　たぶん
definitely　間違いなく

話題の幅
generally　一般に
more specifically
さらに具体的に言うと

発話態度

確信の度合

強い
- **definitely**　間違いなく
- **certainly / surely**　確かに
- **probably**　たぶん
- **possibly**　もしかすると
- **maybe / perhaps**　もしかすると

弱い

Training ①

《　》に示した条件・目的の下で、カッコ内に適切な語句を入れて英語のメッセージを完成させてください。1 語とはかぎりません。

(1)《一般論であることを伝える》
[　　　　], Japanese people speak to their elders in the polite form of speech.

(2)《統計的な裏付けがあることを伝える》
[　　　　], the music CD market has been shrinking considerably recently.

(3)《大まかな話であることを伝える》
[　　　　], we have doubled our sales in the past three years.

(4)《厳密性を問うていることを伝える》
[　　　　], a tomato is not a fruit, but a vegetable.

(5)《正直な気持ちを伝える》
[　　　　], I don't think we can accept your offer with these terms and conditions.

(6)《理論上の話であることを伝える》
[　　　　], it is already possible to run a car without a driver.

(7)《個人的な意見であることを伝える》
[　　　　], I agree with you, but I don't know what the board will say.

Training ②

イラストが表す話者の気持ち・感情に合うように、カッコ内に適切な語句を入れ、英語のメッセージを完成させてください。語句の最初の文字をヒントとして示してあります。

(1)

悲しいことに

[S-   ] in human history, some technologies have been used for destruction.

(2)

意外にも

[S-   ], quite a few people came to the unspectacular event.

(3)

興味深いことに

[I-   ], the giant panda is omnivorous, and eats meat in some environments.

(4)

運の悪いことに

[U-   ], a friend of mine was in a minor traffic accident.

(5) 奇妙なことに

[C-　　], my boss hasn't realized that his PC application was drastically updated.

(6) 悔しいことに

[R-　　], our baseball team lost in the final.

(7) （スゴイと）驚いたことに

[A-　　], my brother won the first prize at the speech competition.

(8) うれしいことに

[H-　　], my sister gave birth to a healthy baby boy.

Training ③

日本語を参考にしながら、最も適切な語句を選び、英語のやりとりを完成させてください。

(1)
A: This is [(A) between / (B) for / (C) inside] you and me, but I heard Mr. Kawashima is going to quit at the end of next month.
（ここだけの話だけど、川島さんが来月いっぱいで会社を辞めるらしいよ）
B: Really? I wonder if he has found a better job.
（ほんと？　いい転職先が見つかったのかな）

(2)
A: I couldn't make many sales this month either.
（今月もいまひとつ売り上げが伸びなかったなぁ）
B: [(A) Openly / (B) Frankly / (C) Straight] speaking, you need to be more aggressive in your sales.
（率直に言うけど、もっと攻めなくちゃ駄目だと思うよ）

(3)
A: So what's the main sales point of this property?
（それで、この物件の一番の売りは何ですか）
B: [(A) Shorty / (B) Directly / (C) Simply] put, it's in the best location, right in the city center.（端的に言って、一等地、町の中心部にあることですね）

(4)
A: Did you hear another product of ours will be recalled?
（うちの商品、また回収騒ぎだってよ）
B: [(A) Seriously / (B) Faithfully / (C) Steadily], we will fall into the red if this goes on.（真面目な話、このままだと今期は赤字転落だよ）

(5)
A: [(A) To make it / (B) To give / (C) To tell you] the truth, I have no confidence at all about the presentation next week.
（本当のところ、来週のプレゼン、ぜんぜん自信がないんだ）

B: Don't worry. You have a lot of experience.
（大丈夫よ。あなたは経験豊富なんだから）

(6)
A: Hey! I won 10,000 yen in the lottery. （やった！ 宝くじ1万円が当たった）
B: Congrats! [(A) Apparently / (B) Actually / (C) Accidentally], this is your day. （おめでとう！どうやら運が向いたようだね）

(7)
A: [(A) Incidentally / (B) Allegedly / (C) Possibly], we will win this contract.
（ひょっとすると、この契約、取れるかもしれないぞ）
B: OK. Let's push hard. （よし。強気で行こうぜ）

(8)
A: Aaron started his vacation today, right? （アーロンは今日から休暇なのね）
B: Yeah. No [(A) way / (B) doubt / (C) kidding] he will spend it suntanning and drinking beer on the beach.
（うん。きっと、ビーチで日焼けとビールざんまいで過ごすんだろうさ）

(9)
A: The stock price of Yamane Food has gone up.
（ヤマネ食品の株価が上がってるね）
B: [(A) Obviously / (B) Usually / (C) Strictly], the recent change in their business policy is helping. （明らかに最近の経営方針の転換が奏功しているよ）

(10)
A: What kind of development project am I going to be involved in?
（どういった開発業務を任せていただけるのでしょうか）
B: [(A) Considerably / (B) Conventionally / (C) Specifically], you will be responsible for educational software development and maintenance.
（具体的には、教育向けソフトウェアの開発と管理を担当してもらいます）

PART 3

さまざまな情報を表す

§1 時間

　時間を表す表現のネットワークは、まず、過去、現在、未来を表す言葉、それに時間・日時を加えて、基本形ができます。さらに、「～以来」「～まで」「～の間」という「始まり・終わり・継続」を表す表現、「前後関係」や「期限」を表す表現を加えれば、時間については十分に表現することができるはずです。

時間表現ネットワーク

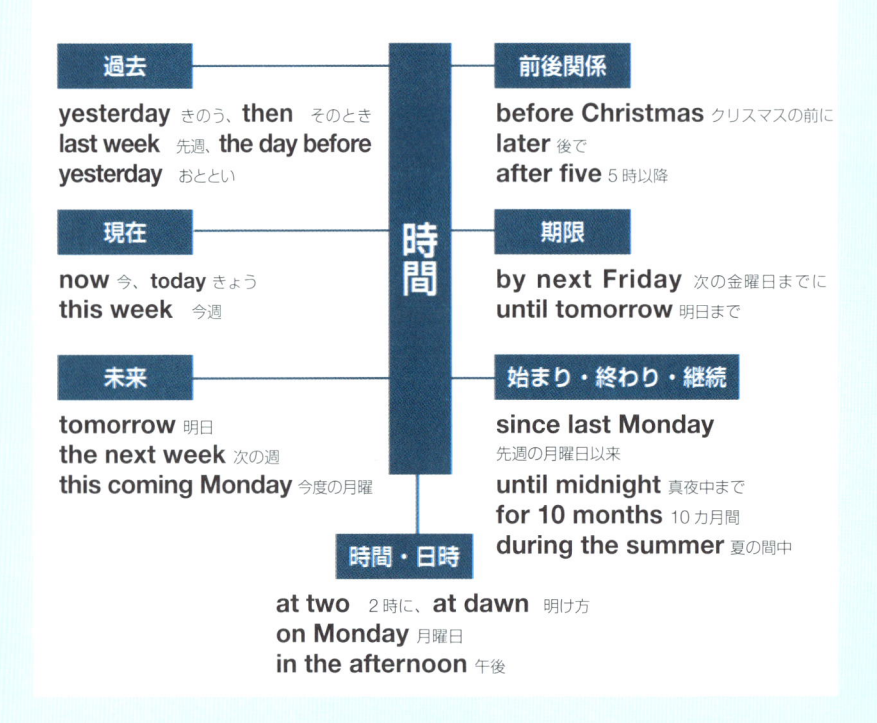

過去
yesterday きのう、then そのとき
last week 先週、the day before yesterday おととい

現在
now 今、today きょう
this week 今週

未来
tomorrow 明日
the next week 次の週
this coming Monday 今度の月曜

時間・日時
at two 2時に、at dawn 明け方
on Monday 月曜日
in the afternoon 午後

前後関係
before Christmas クリスマスの前に
later 後で
after five 5時以降

期限
by next Friday 次の金曜日までに
until tomorrow 明日まで

始まり・終わり・継続
since last Monday 先週の月曜日以来
until midnight 真夜中まで
for 10 months 10カ月間
during the summer 夏の間中

Training ①

スケジュール帳の記述を見ながら、カッコ内に適切な語句を入れて英語の報告を完成させてください。

	5	水	10:30 ユニワールド社訪問 プレゼン
	6	木	14:00 JSP 社訪問 営業　　16:30 ビッグ社訪問 営業
	7	金	10:00 ユニワールド社へ電話　　13:30 ～ 研修
	8	土	
	9	日	
	10	月	
	11	火	15:00 JSP 社・大森氏訪問
＊今日 ➡	12	水	10:00 営業会議　　14:30 SSB 社訪問
	13	木	11:00 ユニワールド社再訪
	14	金	13:30 ビッグ社・田中氏来訪
	15	土	
	16	日	
	17	月	8:05 東京駅　　10:30 ヤマネ企画（名古屋）訪問

I paid a visit to Mr. Omori at JSP Inc. [(A)]. That was my second visit to the company. I went to JSP [(B)] week to introduce our new product line and they showed interest, so I visited them again for a more detailed talk.

I'm going to visit UniWorld Co. [(C)]. I made a presentation at UniWorld a week [(D)], and I made a follow-up call to them [(E)] Friday, but they haven't shown a favorable reaction yet, so I'll talk to them in person again to push harder.

I'm going to go to Nagoya [(F)] Monday for a visit to Yamane-kikaku Ltd. I will talk with them about the potential cooperative project.

§2 場所

物の位置を表すには前置詞を使いますが、前後左右は in front of...（～の前に）、to the right of...（～の右に）、to my left（私の左に）のようにフレーズで表現するものが多くあります。もちろん、across（～の向こうに）、opposite（～の反対に）、behind（～の後ろに）などの単独の前置詞も場所を示すのに活躍します。「～の底に」や「～の左上隅に」などの言い方も整理して覚えておきたいですね。

場所の表現ネットワーク

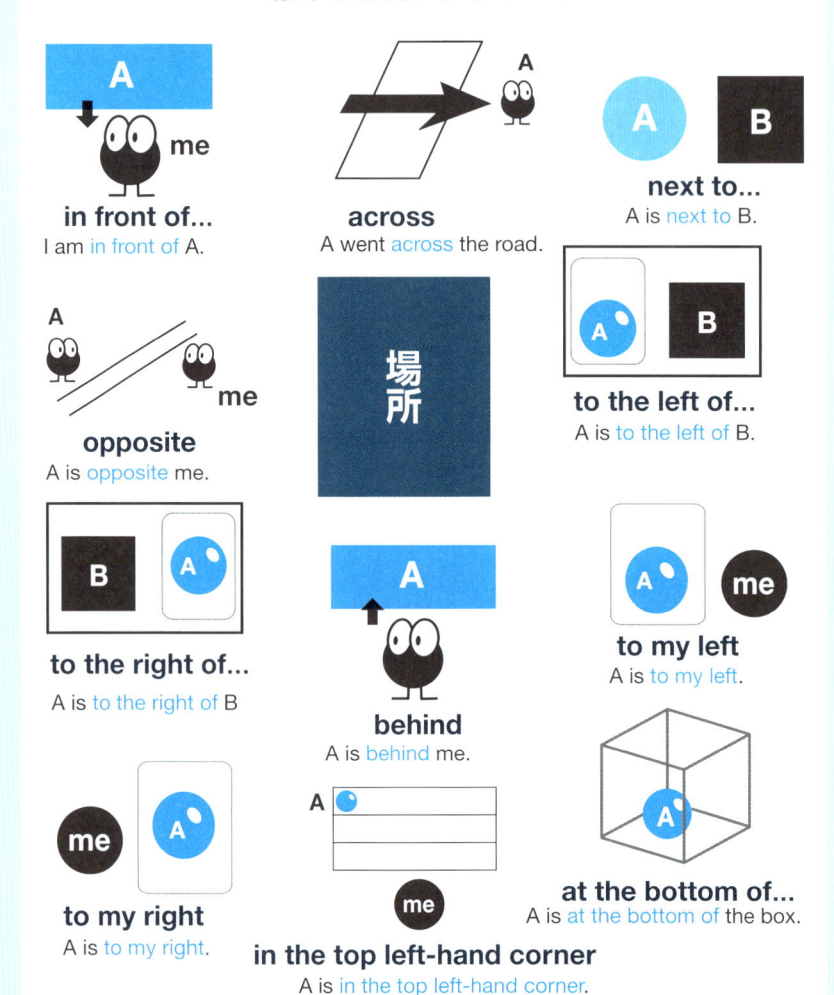

in front of...
I am in front of A.

across
A went across the road.

next to...
A is next to B.

opposite
A is opposite me.

to the left of...
A is to the left of B.

to the right of...
A is to the right of B

behind
A is behind me.

to my left
A is to my left.

to my right
A is to my right.

in the top left-hand corner
A is in the top left-hand corner.

at the bottom of...
A is at the bottom of the box.

Training ②

地図に従って、カッコ内に適切な語句を入れ、店へのアクセス方法を伝える英文パンフレットを完成させてください。

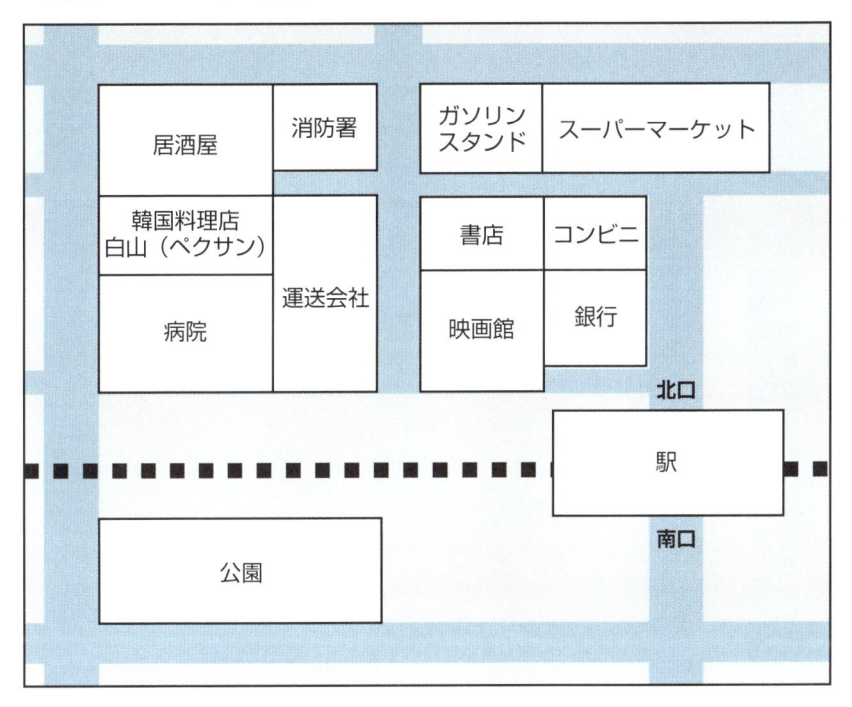

Directions to Peksan, the Authentic Korean Restaurant

From the north exit of the station: Go straight until you see a supermarket at [　(A)　] the street. Turn left and you will see a bookstore on [　(B)　]. Turn right at the intersection and turn left at [　(C)　] of the fire station. Go straight and turn left at the next intersection. You will see our signboard on the second building from the corner on the left, [　(D)　] an izakaya pub.
From the south exit of the station: Go down the main street and turn right [　(E)　] corner. Go straight and you will see a park on your right. Turn right at [　(F)　] the park and cross the railroad tracks. Pass a hospital on your right, and the [　(G)　] building is our restaurant.

§3 頻度

　何かを行う際に、どれぐらい頻繁にそれを行うかについて情報を示すことが重要な場合がよくあります。「いつも、必ず」から「一度もない、決して〜ない」の尺度で、「ほとんど」「通常は」「しばしば」「ときどき」「めったに〜ない」「ほとんど〜ない」などがその間に含まれます。これは日本語でも同じことですが、英語でどう表現するかを頻度ネットワークとして押さえておきましょう。

頻度を表す表現ネットワーク

高い

always, at all times
I **always** eat natto.　いつも納豆を食べる。

almost always
I **almost always** eat natto.　ほとんど毎食納豆を食べる。

usually, normally
I **usually** eat natto.　普通、納豆を食べる。

often, frequently
I **often** eat natto.　しばしば納豆を食べる。

sometimes, occasionally, now and then
I **occasionally** eat natto.　時折納豆を食べる。

seldom, rarely, not many times, not often
I **seldom** eat natto.　めったに納豆を食べない。

hardly ever, scarcely ever
I **hardly ever** eat natto. hardly ever.　納豆を食べることはほとんどない。

almost never
I **almost never** eat natto.　納豆を食べることはほとんどまったくない。

never
I **never** eat natto.　納豆をまったく食べない。

低い

具体的な頻度に関する表現

every day 毎日、**every two days** 2日ごとに、**every other day** 1日おきに、**once** 1度、**twice** 2度、**three times** 3度
once a day 1日に1度、**twice a week** 1週間に2度、**once every three weeks** 3週間ごとに1回

Training ③

アンケート調査の内容を踏まえ、カッコ内に適切な語句を入れて英語の報告を完成させてください。カッコ内の数字は、入れるべき単語の数を表します。

健康に関する調査票

年齢（36）歳
性別（男）

① ご自身の生活習慣に一番近いものをひとつずつ選んでください。

Q1　食事はきちんと3食とっていますか。
　　[1] 3食取っている　([2]) 2食のことが多い　[3] 1食のことが多い　[4] まちまちだ

Q2　脂っこい料理を食べますか。
　　[1] ほぼ毎食食べる　([2]) 1日1回は食べる　[3] 週1回は食べる　[4] ほとんど食べない

Q3　飲酒の頻度はどのくらいですか。
　　[1] ほぼ毎日　([2]) 1日おきくらい　[3] 週1回くらい　[4] 飲まない

Q4　日ごろ運動をしていますか。
　　[1] ほぼ毎日する　[2] 1日おきくらいする　([3]) 週1回くらいする　[4] まったくしない

Q5　入浴の頻度はどのくらいですか。
　　[1] ほぼ毎日　[2] 1日おきくらい　([3]) 週1回くらい　[4] 週1回未満

Q6　シャワーを浴びる頻度はどのくらいですか。
　　([1]) ほぼ毎日　[2] 1日おきくらい　[3] 週1回くらい　[4] 週1回未満

As far as dietary habits are concerned, this person's lifestyle is not very healthy. Even though he usually has a meal only twice [(A) 2], he eats fatty food [(B) 1] day. In addition, he drinks [(C) 2] day, or three or four times [(D) 2].

He exercises only [(E) 1] a week, which does not seem to be enough to counteract his dietary issues. He takes a shower [(F) 1], but he should take a bath more often for mental relaxation.

§4 様態・付帯状況

　ここでいう「様態」は「どのように」という意味合いで行為のありさまを表します。英語に、5通りの様態表現があるということを押えれば、英語表現が豊かになるはずです。

　「付帯状況」とは主たる行為に伴う（付帯する）状況のことで、英語では「〜を伴って」の意味の with が活躍します。

様態・付帯状況を表す表現ネットワーク

① **-ly**
beautifully 美しく、**gradually** 次第に、**strictly** 厳しく

② **in a + 形容詞＋ manner [way, fashion]**
in an efficient manner 効果的な方法で

③ **in a way that...**
in a way that attracts my attention 私の注意を引きつけるやり方で

④ **in such a way as to do**
in such a way as to talk to children 子どもに話しかけるようなやり方で

⑤ **(in) the way that...**
(in) the way we used to do 私たちが以前やっていたやり方で

様態 「どのように」how を表す ── **様態・付帯状況**

付帯状況 ある状況を伴って

付帯状況の表し方

① **with + 名詞＋形容詞（副詞）**
Don't speak **with** your mouth full. 口をいっぱいにして話すな。

② **with + 名詞 + doing**
The patrol car was parked there **with** its light flashing. パトロールカーがライトを点滅させながらそこに停まっていた。

③ **with + 名詞 + done**
She was reading a paper **with** her arms folded.
彼女は腕を組んで新聞を読んでいた。

付帯状況の位置

文頭→事情を述べる意味合いが強い
With Christmas just around the corner, I should do some shopping. クリスマスはもうすぐなので、買い物をしなければならない。

文尾→補足的な状況を述べる意味合いが強い
My sister is listening to the music **with** her eyes closed.
妹は目を閉じながら音楽を聞いていた。

Training ④

適切な語句をひとつずつ選び、日本語が示す事柄・内容を英語で述べてください。

(1) ナカノ電子は、この数年間で急成長を遂げた企業のひとつだ。
Nakano Electronics is one of the companies that has grown [(A) smoothly / (B) rapidly / (C) steeply] these past few years.

(2) 以前にも増して効率的な仕事の仕方が求められている。
We are required to work a lot more [(A) efficiently / (B) properly / (C) accurately] than before.

(3) あの世代の人たちは、昔のやり方で働くことに固執している。
People in that generation stick to working [(A) with what / (B) by means of / (C) in the way] they used to.

(4) CEOは登壇すると、くだけた調子で演説を行った。
The CEO went up to the podium and gave a speech in a casual [(A) manner / (B) tune / (C) method].

(5) 同社は徐々に財務体質を改善してきた。
The company has [(A) effectively / (B) gradually / (C) evidently] improved its financial profile.

(6) 彼らのEメールでのやりとりは、すべて極秘扱いだった。
All of their e-mail communication was treated as [(A) perfectly / (B) outstandingly / (C) strictly] confidential.

(7) プロのプログラマーは、見破りにくいようなやり方でコードを記述する。
Professional programmers write their codes in such a way [(A) as to / (B) how to / (C) but to] make it hard to understand.

§5 手段・道具

　手段と道具は how（どうやって）に関する情報であり、典型的な副詞情報に数えることができます。いずれも前置詞が鍵で、手段は by、道具は with を使うのが典型的な表現のしかたです。ただし、by は手段といっても交通手段と伝達手段に限定される傾向があり、「お金を手段として」だと by means of money のように by means of を使います。

手段・道具を表す表現ネットワーク

by
I go to the office **by** train.
オフィスには電車で通う。
So much information is conveyed **by** gesture.
とてもたくさんの情報がジェスチャーで伝えられる。

by means of...
He explained his plan **by means of** a lot of graphs.
彼は自分の計画をたくさんのグラフを用いて説明した。

手段　目的を遂げるための方法［交通手段は by が多い］

手段・道具

道具　手にすることができる具体的な物［with が多い］

with
Eat the udon noodles **with** chopsticks.
うどんはお箸で食べなさい。

with the use of...
Clothes are bleached **with the use of** chlorine.
衣服は塩素を使って漂白される。

by (the) use of...
They lifted the load **by (the) use of** crane.
彼らはクレーンでその荷物を持ち上げた。

Training ⑤

適切な語句をひとつずつ選び、日本語が示す事柄・内容を英語で述べてください。

(1) ご注文の商品を航空便でお送りする手配をいたしました。
We have arranged to send your order [(A) by / (B) through / (C) in the] air.

(2) この書面には黒のボールペンで記入し、鉛筆は用いないでください。
Fill in this form [(A) by / (B) in / (C) with] a black ballpoint pen. Do not use a pencil.

(3) 渋滞していなければ、家から職場まで車で20分かからないよ。
If the traffic isn't heavy, it takes less than 20 minutes from my home to my office [(A) by a car / (B) by car / (C) by my car].

(4) その会議では、重要な情報が手話でも伝えられた。
At the conference, important information was conveyed by [(A) the way / (B) method / (C) means] of sign language as well.

(5) 生産工程において、この精密部品は精製水を使って洗浄される。
In the process of production, this precision component is rinsed out [(A) with / (B) by / (C) on] purified water.

(6) 納期に余裕がある場合は、基本的に商品は船で輸入します。
If we have plenty of time for delivery, we usually import products by [(A) the ship / (B) a boat / (C) sea].

(7) そのテーマパークは、マルチメディアを駆使することで入場者にまったく新しい体験をもたらしている。
The theme park gives its visitors totally new experiences by [(A) use / (B) using / (C) a use] of multimedia.

§6 目的・結果

　目的は日本語では「〜するために」という言い方が基本ですが、英語では to do、in order to do、so as to do があります。「〜の目的で」に相当する英語は for the purpose of です。一方、結果は「〜して、その結果……」という発想を英語でいえば so が典型的な表現で、so that も同様に使われます。また、only to do や never to do も結果表現のレパートリーとして押さえておきたい表現です。

目的・結果を表す表現ネットワーク

to do
Combine red and yellow **to make** orange.
オレンジ色をつくるために赤と黄色を混ぜなさい。

in order to do
In order to avoid rush hour, I must leave my house by 6:00.
ラッシュアワーを避けるには、家を6時までに出なければならない。

so as to do
I called him **so as to wake** him up.
彼を起こすために電話した。

for the purpose of...
Your contact information will be used exclusively **for the purpose of** the research.
あなたの連絡先情報がその調査の目的以外に使用されることはありません。

目的　「〜するために」「〜するのに」

目的・結果

結果　「その結果〜する」

so
He told a lie, **so** she was really disappointed.
彼がウソをついたことで、彼女はひどく失望した。

so that...
I drank some cups of coffee **so that** I didn't sleep.
眠らないようにコーヒーを何杯か飲んだ。

only to do
He worked hard, **only to fail**.　彼は一生懸命働いたが失敗した。

never to do
He left home, **never to return**.
彼は家を出た。そして二度と帰ってくることはなかった。

as a result
As a result of a combination of things, I made up my mind to quit my job.　いろいろ考えた結果、私は仕事を辞めることを決意した。

Training ⑥

適切な語句をひとつずつ選び、日本語が示す事柄・内容を英語で述べてください。

(1) 同社が SNS サービスを立ち上げた目的は、マーケティング情報の収集だった。
The company launched an SNS service [(A) for / (B) in / (C) with] order to gather marketing information.

(2) 同じ間違いを繰り返さないためにも、全工程を再度検証する必要がある。
We need to verify the whole process again [(A) as of / (B) as in / (C) so as] not to repeat the same mistake.

(3) 携帯電話番号も教えていただけますか。そうすれば、必要な時に連絡が取れますので。
Could you please give us your cell-phone number as well, [(A) so / (B) such / (C) for] that we can contact you when necessary?

(4) 関連法が改正される見通しなので、我々の事業計画もそれに応じて調整しましょう。
The related laws are going to change, so let's adjust our business plan [(A) virtually / (B) accordingly / (C) approximately].

(5) 子どもたちを学校へ行かせるには、アラステアはその店で働くしかなかった。
Alastair had no choice but to work at the place in [(A) order / (B) purpose / (C) aim] that his children could go to school.

(6) 社内のあらゆるハードディスクを点検したが、結局バックアップずみの不要データしか見つからなかった。
We accessed all the hard drives in the company, [(A) so that / (B) resulting / (C) only] to find unnecessary data that had already been backed up.

(7) 同社は大規模なリストラを行い、結果的に業績が改善し始めた。
They underwent a major restructuring, and [(A) as / (B) in / (C) with] a result, their performance has begun to improve.

PART 4

空間的意味を表す前置詞

　空間的意味を表す前置詞（空間前置詞）は、数は多くありませんが、ここでのネットワークのように整理しておくと、英語の前置詞の全体像をみることができます。周りを見渡してあるいは身近なものを頭の中で思い描いて、上下なら over、above、under、below を使っていろいろ表現してみるといいでしょう。部屋の壁を見ると時計が絵の上に取り付けられていれば、the clock above the picture となるでしょう。また、「食卓の下の猫」なら the cat under the table となります。

空間的意味を表す前置詞ネットワーク

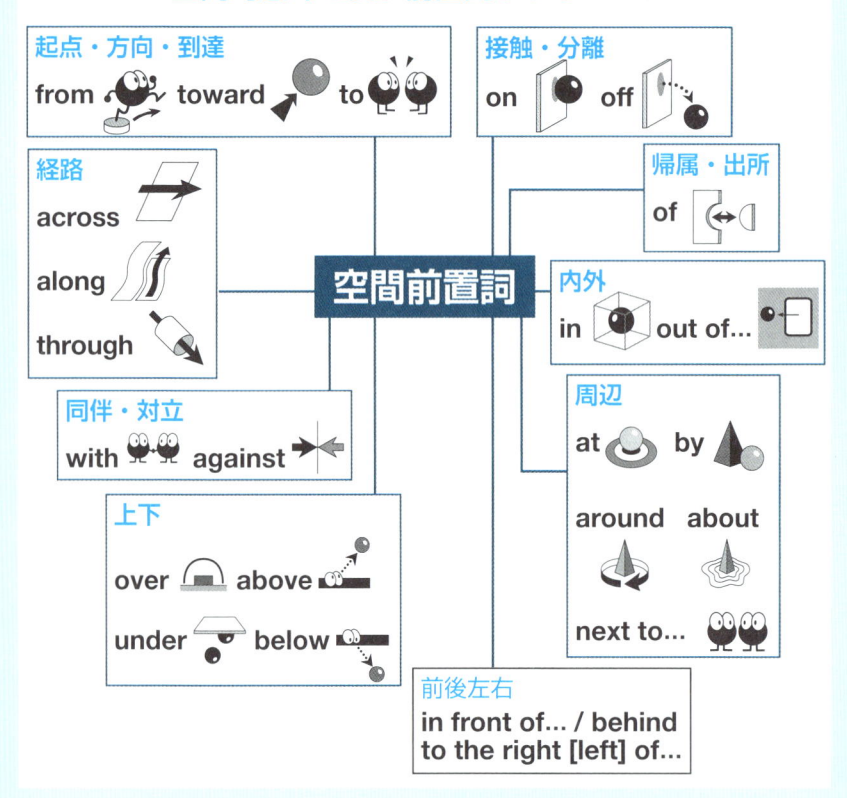

起点・方向・到達
from　toward　to

接触・分離
on　off

経路
across
along
through

帰属・出所
of

内外
in　out of...

同伴・対立
with　against

周辺
at　by
around　about
next to...

上下
over　above
under　below

前後左右
in front of... / behind
to the right [left] of...

Training ①

カッコ内に since、but、during、by、without、throughout、according の中から適切な語をひとつ選んで入れて、日本語が示す事柄・内容を英語で述べてください。

(1) ハドソンさんは、このブランドプロジェクト全般にわたってチームに力を貸してくれます。
Mr. Hudson will support the team [   ] this branding project.

(2) ジェラルドは、1977年に入社して以来、当社に多大なる貢献をしてくれました。
Gerald has been making a great contribution to our company [   ] he joined us in 1977.

(3) キンバリーは短いプレゼンの中で、とても効果的に当社の新製品を紹介した。
Kimberly introduced one of our new products quite effectively [   ] her short presentation.

(4) 出席者は、2時間以上ぶっ通しで財務問題について議論を続けた。
The attendees continued the discussion on the financial issue for over two hours [   ] a break.

(5) マリオットさんの話では、あの建設中のビルの1階には高級日本料理店が入るそうだ。
[   ] to Mr. Marriott, that building under construction is going to have a classy Japanese restaurant on its first floor.

(6) 君を除いて、あんなに説得力のあるスピーチができる人はいないよ。
No one else could make such an appealing speech [   ] you.

(7) 少子化のせいで、この国の教育産業は大打撃を受けている。
The education industry in this country has been deeply impacted [   ] the lower birth rate.

Training ②

各イラストに描かれている事物・状況を英語で言い表すには、カッコ内にどんな語句を入れるのが適切でしょうか。

(1)

They have a large abstract picture [　　] the wall in the hallway.

(2)

The rainstorm caused a tree to fall down [　　] the railroad track.

(3)

The thief seems to have come in the house [　　] the bathroom window.

(4)

The boy was taking a bike ride [　　] the river.

(5) The dog is trained to jump [   ] obstacles for competitions.

(6) She makes it a habit to jog [   ] the pond every morning.

(7) It must be rare to see a cloud [   ] Mt. Fuji.

(8) Nina was happy to be walking [   ] her parents.

Training 3

above / across / against / along / among / below / in / on / with

(1) A medieval castle stands [   ] the trees.
(2) A clown is leaning [   ] the wall.
(3) A girl is walking hand in hand [   ] a bear.
(4) There is an arched stone bridge [   ] the creek.

Part 4 ● 空間的意味を表す前置詞

左ページの語群から適切な語を選んでカッコ内に入れ、イラストの中に描かれた人物や状況を英語で説明してください。ただし、語群には使われない語も含まれています。

(5) A train is running [   ] the creek.
(6) An old couple is sitting [   ] a light.
(7) Some bats are painted [   ] the wall of the haunted house.
(8) A balloon is flying [   ] the fountain.

PART 5 副詞の位置

　副詞情報を置く位置は、文の初め（文頭［節頭］）、文の終わり（文尾［節尾］）、それに文の中（文中［節中］）の3つがあります。

　文頭にくる副詞情報は、発話者の態度を表す傾向があります。文中は頻度、否定、様態に関する副詞情報が使われ、文尾は時間、場所、手段、理由、様態などさまざまな副詞情報を表します。ただし、文中の位置は動詞の種類や意味によって変動することがあります。

副詞の位置ネットワーク

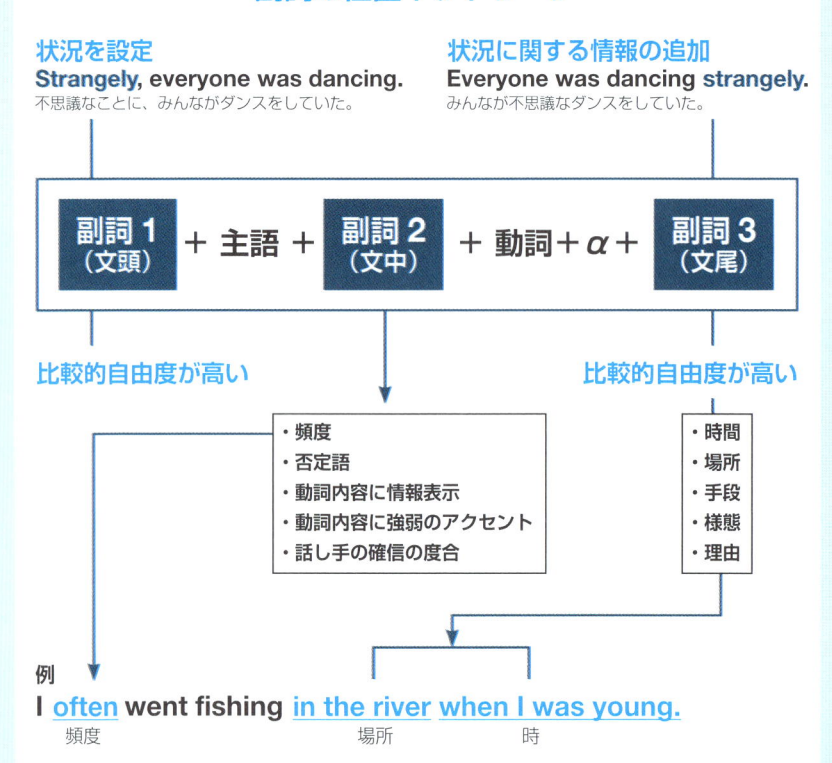

状況を設定
Strangely, everyone was dancing.
不思議なことに、みんながダンスをしていた。

状況に関する情報の追加
Everyone was dancing **strangely.**
みんなが不思議なダンスをしていた。

副詞1（文頭） ＋ 主語 ＋ 副詞2（文中） ＋ 動詞＋α＋ 副詞3（文尾）

比較的自由度が高い　　　　　　　　　　　比較的自由度が高い

副詞2（文中）:
- 頻度
- 否定語
- 動詞内容に情報表示
- 動詞内容に強弱のアクセント
- 話し手の確信の度合

副詞3（文尾）:
- 時間
- 場所
- 手段
- 様態
- 理由

例
I <u>often</u> went fishing <u>in the river</u> <u>when I was young.</u>
　　頻度　　　　　　　　　場所　　　　時

Training ①

日本語が示す事柄・内容を英語で述べるには、カッコ内の語句を文中の(A)(B)(C)うち、どの位置で用いればよいか答えてください。

(1) 大勢の人たちが夜中に路上で着飾っているのは奇妙だ。**(strangely)**
[(A)], a lot of people are dressed up [(B)] on the street late at night [(C)].

(2) グレアムが実際に会社を辞めるとは思いもしなかった。**(actually)**
[(A)], I never thought that Graham would [(B)] quit his company [(C)].

(3) 特別な場合を除き、メールで業務内容を本社に報告することになっている。**(usually)**
[(A)], we are supposed to report [(B)] what we do [(C)] to the headquarters by e-mail.

(4) 継続して進めているプロジェクトについて話し合う場を設ける必要がある。**(continuously)**
[(A)], we need to [(B)] have a meeting for discussing the project we are [(C)] working on.

(5) この種の情報は、一般に知れわたっているものではない。**(generally)**
[(A)], this sort of information [(B)] is not [(C)] known.

(6) 酒井さんは、誰が見てもストレスの多い状況を、何年間も耐え続けている。**(obviously)**
[(A)], Ms. Sakai has been going through [(B)] stressful situations [(C)] for years.

(7) 意外にも、彼らが短時間でまとめたデータには一貫性がある。**(surprisingly)**
[(A)], the data they put together in a [(B)] short period of time is [(C)] consistent.

Training ②

日本が示す意味・ニュアンスが伝わるように、語群から適切な語を選んで[ ]内に入れ、英語のやりとりを完成させてください。なお、語群の語は1回ずつしか使えません。また、空欄に何も入らない場合もあります。

actually	almost	completely	generally
incredibly	kindly	mainly	obviously
possibly	probably	really	recently
significantly	simply	still	unfortunately

(1)
A: I [(A)] don't like the way my boss does things. He [(B)] acts in bad faith. (うちの上司のやり方、本当に嫌だわ。明らかに二枚舌だもの)
B: Well, he's just a middle manager. He's [(C)] caught in the middle between his superiors and his subordinates.
(まあ、中間管理職だからね。単に上司と部下の板挟みになってるんだよ)

(2)
A: Do you [(A)] know how old Peggy is? She looks young, but [(B)] she's over 40.
(ペギーが何歳か知ってる？ 若く見えるけど、実は40歳を超えてるのよ)
B: I know that. She's [(C)] [(D)] careful about skin care.
(知ってるよ。たぶん、肌の手入れにとんでもなく気を使ってるんだろうな)

(3)
A: Is there a free spreadsheet app that may [(A)] work on my smartphone?（僕のスマホで使えそうな無料の表計算アプリってない？）
B: [(B)], you have to pay for that kind of app, but [(C)] one of those apps that were [(D)] launched is free.
（たいてい、その種のアプリは有料だけど、最近出たものに無料のがあるよ）

(4)
A: Could you [(A)] take a few minutes and fill in this questionnaire [(B)]?（恐れ入りますが、少しお時間をいただいて、このアンケートに記入していただけますか）
B: Sure, no problem. But [(C)] what's this research [(D)] for?
（ええ、いいですよ。で、この調査は主にどんな目的なんですか）

(5)
A: Sorry I'm late. The train was delayed [(A)].
（遅くなってすみません。電車がずいぶん遅れたものですから）
B: That's OK. Trains in Tokyo used to be [(B)] always on time, but they aren't [(C)] any more.（いいよ。かつて東京の電車は、たいていいつでも時間どおりだったけど、今は違うね）

(6)
A: I don't [(A)] understand our new inventory control system.
（新しい在庫管理システムが完全には理解できないんだ）
B: [(B)], it's not a perfect system. We [(C)] need to fix all the bugs.
（残念ながら、あれは完璧じゃないね。まだ修正しなければならないところがたくさんある）

第3部 総合問題

Training ①

How to Brew Great Coffee

①
Measure out your coffee beans and grind them [(A) fine / (B) rough / (C) coarsely].

②
Fill a kettle with cold water [(A) before / (B) later / (C) so that] you set it to boil.

③
Put the paper filter inside the cone and run hot water over it [(A) so that / (B) in order / (C) enough] to get rid of any paper taste.

あなたは、おいしいコーヒーの入れ方を説明する英語のウェブサイトを作っています。イラストに応じて適切な語句を選び、説明文を完成させてください。

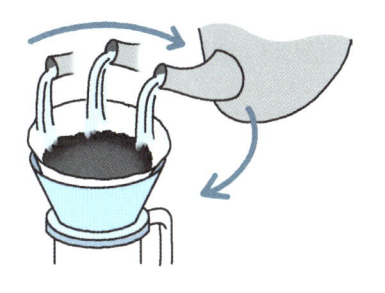

④
Pour hot water over the grounds, using a circular motion to be sure the grounds become [(A) evenly / (B) even / (C) even though] saturated.

⑤
Start adding more water [(A) directly but strictly / (B) slowly and steadily / (C) generally and technically], concentrating on the middle of the grounds.

⑥
The coffee should filter [(A) in / (B) with / (C) by] about two minutes. Once the stream of coffee slows to a drip, your cup of coffee is finished brewing.

Training ②

(1)

Ronald Thompson
4 hours ago

[(A) Apparently / (B) Nevertheless / (C) Carefully] this is me last night.

👍 22 people like this.

Ben Harris Did you get home [(A) safe / (B) in safe / (C) for safe]?
3 hours ago · Like 👍 1

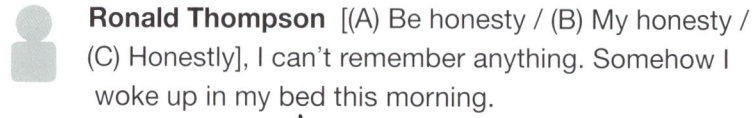

Ronald Thompson [(A) Be honesty / (B) My honesty / (C) Honestly], I can't remember anything. Somehow I woke up in my bed this morning.
2 hours ago · Like 👍 3

Emily Houston Who took this picture? How did you get it?
1 hour ago · Like 👍 1

Ronald Thompson Well, there are [(A) until / (B) still / (C) yet] a lot of mysteries.
1 hour ago · Like 👍 6

第 3 部● 総合問題

それぞれの立場に身を置いて、最も適切な語句を選び、英語で SNS のメッセージを書いてください。

(2)

Alice Lloyd
8 hours ago

[(A) Unfortunately / (B) Theoretically / (C) Strictly] possible, but...

👍 12 people like this.

Kim White Is this your boyfriend?
3 hours ago · Like

Alice Lloyd Yes, Kim. He started working out physical training [(A) recently / (B) usually/ (C) exactly].
2 hours ago · Like 👍 3

George Henry Now I've got it. [(A) Basically / (B) Strangely / (C) Originally], the photo was taken [(A) vertically / (B) occasionally / (C) evenly]!
2 hours ago · Like 👍 1

写真：xavierarnau/iStockphoto　Track 63　141

(3)

Brad Hamilton
2 hours ago

Nearby highway the day [(A) after / (B) before / (C) from] yesterday.

👍 10 people like this.

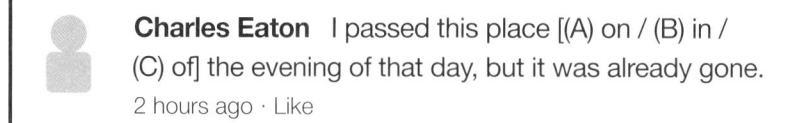

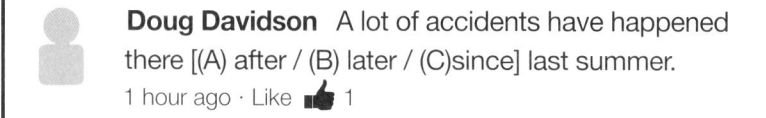

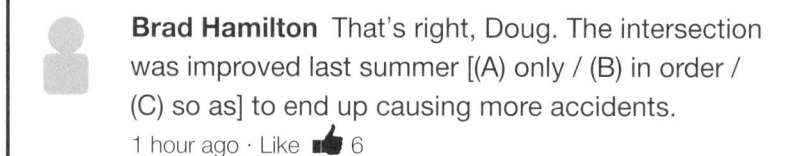

Charles Eaton I passed this place [(A) on / (B) in / (C) of] the evening of that day, but it was already gone.
2 hours ago · Like

Alice Becker I hope no one got hurt.
1 hour ago · Like 👍 3

Doug Davidson A lot of accidents have happened there [(A) after / (B) later / (C) since] last summer.
1 hour ago · Like 👍 1

Brad Hamilton That's right, Doug. The intersection was improved last summer [(A) only / (B) in order / (C) so as] to end up causing more accidents.
1 hour ago · Like 👍 6

第3部 解答・解説

Part 1 強弱濃淡のアクセントをつける

■ Training 1
(1)
正解：(A) very / so　(B) Absolutely　(C) A little　(D) very / so　(E) too
解説：(A) の be excited や (D) の be interested のような叙述用法の形容詞を強調する副詞としては、so と very がよく用いられ、どちらもほぼ同じような意味・ニュアンスで使われる。したがって、(A) と (D) のどちらかに so を、もう一方に very を当てはめればよい。(B) の Absolutely. は、副詞1語が強い確信を表す返答として用いられる例のひとつ。(E) を含む That's too bad. は、「お気の毒に、とても残念だ」という同情や憐憫のニュアンスを持つ定型表現。

(2)
正解：(A) theoretically　(B) Definitely　(C) incredibly　(D) a little
(E) internationally
解説：副詞は内容語なので、文意や文脈に応じた語を選択する必要がある。(B) の Definitely. は、副詞1語で強い肯定を表す例のひとつ。

■ Training 2
訳：(1) シュルマンさんはとても裕福だったので、高級車を購入した。
　　　シュルマンさんは、高級車を買えるほど裕福だった。
　(2) メリンダは、すぐに顔に出るタイプだ。感情や考えを隠すことができない。
　　　メリンダが何を考えているのか、手に取るようにわかる。
　(3) コリーはその知らせにとてもショックを受け、しばらく口がきけなかった。
　　　コリーはその知らせにあまりにもショックを受けたので、しばらく口がきけなかった。
　(4) ヘザーは現状に非常に満足している。
　　　ヘザーは大変満足している。
　(5) 人は年齢にかかわらず物事を学ぶことができる。
　　　人が何かを学ぶのに、年を取りすぎているということは決してない。
　(6) シモンズさんが、まったくの無罪であることが証明された。
　　　シモンズさんが清廉潔白であることが判明した。

正解：(1) enough to　(2) like　(3) so　(4) as　(5) too　(6) as
解説：(1) は enough to... という副詞句で直前の rich を修飾するのがよい。rich enough to buy a luxury car で「高級車を買うのに十分なだけ裕福な」の意味。(2) の第1文にある transparent は「透明な」の意味だが、人について用いられると「感情がすぐ顔に出る、内

心が透けて見える」ことを表す。一方、第 2 文で can read someone like a book（……の本心が容易に見通せる）という表現を成立させれば、第 1 文と整合性がとれる。(4) には、as happy as a clam（とても幸福で）という表現を用いるのがよい。(6) では as clean as a whistle（清廉潔白な）という表現を成立させるのが妥当。

Part 2 発話態度を表す

■ Training 1
訳：(1) 一般的に、日本人は年長者に対して敬語で話す。
(2) 統計上、音楽 CD 市場は近年、大幅に規模が縮小している。
(3) 大ざっぱに言って、当社の売り上げは過去 3 年間で倍増している。
(4) 厳密に言えば、トマトは果物ではなく野菜だ。
(5) 正直なところ、この条件ではご提案をお受けできそうもありません。
(6) 理屈の上では、無人で車を走らせることがすでに可能だ。
(7) 私個人は賛成しますが、取締役会がどう言うかはわかりません。

正解：(1) Generally (speaking)　(2) Statistically (speaking)　(3) Roughly (speaking)　(4) Strictly speaking　(5) Honestly (speaking)　(6) Theoretically (speaking)　(7) Personally (speaking)
解説：どれも文頭に「副詞＋ speaking」の形を置き、「……的に言えば」と文全体を修飾する表現を用いる。ほとんどの場合、speaking を省略して副詞だけを用いても、同様の意味・役割を持たせることができるが、慣用的に speaking を省略すると不自然に聞こえるものもあるので注意が必要だ。

■ Training 2
訳：(1) 悲しいことに、人類の歴史上、いくつかの科学技術が破壊に使われてきた。
(2) 意外にも、大勢の人たちが、その地味な催しにやって来た。
(3) 興味深いことに、パンダは雑食なので、環境によっては肉を食べることもある。
(4) 運の悪いことに、友人の一人が小規模な交通事故に遭った。
(5) 奇妙なことに、上司は自分のパソコンソフトがすっかりバージョンアップされていることに気づいていない。
(6) 悔しいことに、うちの野球チームは決勝で負けてしまった。
(7) 驚いたことに、弟がスピーチコンテストで 1 位になった。
(8) うれしいことに、妹が健康な男の子を生んだ。

正解：(1) Sadly　(2) Surprisingly　(3) Interestingly　(4) Unfortunately　(5) Curiously　(6) Regrettably　(7) Amazingly　(8) Happily
解説：話者の感情や主観を適切に付加する副詞を選択する。(2) の surprisingly と (7) の amazingly はどちらも驚きの気持ちを表すが、amazingly のほうが喜びを含んだ驚きを表す傾向が強く、surprisingly はより中立的なニュアンスを持つ。(5) には「妙だ、不思議だ」という気持ちを表す curiously を用いるのがよい。

■ Training 3
正解：(1) (A)　(2) (B)　(3) (C)　(4) (A)　(5) (C)　(6) (A)　(7) (C)　(8) (B)　(9) (A)

(10) (C)

解説：(1) の This is between you and me. は「ここだけの話だ」の意味の決まり文句。This is between us. とも言える。(3) では「端的に言えば」の意味の simply put という副詞句を成立させる。(5) の To tell you the truth, ...（本当のことを言うと）は、you を省略して To tell the truth, ... とも言える。(6) の apparently は「どうやら」という推量的な意味合いを表す副詞。形容詞 apparent は「明白な、明らかな」の意味で用いられるが、副詞の apparently は「明白に、明らかに」の意味ではないので注意。「明らかに」の意味で用いられる副詞は、(9) の obviously。(8) には「きっと、たぶん」の意味の no doubt を用いるのがよい。

Part 3 さまざまな情報を表す

■ Training 1　[§1 時間]

訳：きのう、JSP 社の大森さんを訪ねました。2 回目の同社訪問でした。先週 JSP へ行ってうちの新しい製品シリーズを紹介したところ、興味を示してきたので、再度訪問して詳しい話をしてきました。

明日はユニワールド社を訪ねる予定です。1 週間前にユニワールドでプレゼンし、先週の金曜日にフォローの電話をかけたのですが、いまのところ反応がぱっとしないので、もう一度直接会って話をして、売り込みを掛けるつもりです。

来週の月曜日には名古屋へ出張して、ヤマネ企画を訪ねます。共同プロジェクトの可能性について話をしてこようと思っています。

正解：(A) yesterday　(B) last　(C) tomorrow　(D) ago　(E) last　(F) next

解説：12 日（水）に話をしているという前提で、時間的な前後関係を判断する。(D) は、この日から見て 1 週間前の出来事を語っている文なので a week ago とする。(F) は「次の（= 来週の）月曜日」ということで next Monday とすればよい。この「next + 曜日」の形は、状況によっては誤りやすいので注意が必要。たとえば、12 日（水）から見て 14 日（金）は「次の金曜日」ではあるものの、next Friday ではなく this (coming) Friday であり、next Friday と言えば来週つまり 17 日から始まる週の金曜日を指す。

■ Training 2　[§2 場所]

訳：本格韓国料理店ペクサンへの道順

駅北口から：直進すると、道の突き当たりにスーパーマーケットがあります。そこを左折すると、左手に書店が見えます。交差点を右折した後、消防署の角を左折します。直進し、次の交差点を左折してください。角から 2 軒目の左手の建物に当店の看板が出ています。居酒屋の隣です。

駅南口から：大通りを直進し、最初の角を右折します。真っすぐ進むと、右手に公園があります。公園の端まで行ったところで右へ曲がり、踏切を渡ってください。右手の病院を通り過ぎた次の建物に、当店があります。

正解：(A) the end of　(B) your left　(C) the corner　(D) next to / after　(E) at the first　(F) the end of　(G) next

解説：(A) は、at the end of the street（通りの突き当たりに）という表現を構成するのが妥当。(D) は、位置関係としては next to...（……の隣）と表現するのがいいが、道順を追って移動

していくという観点で捉えれば after（……を通り過ぎた後）を使ってもよい。(F) にも (A) と同じ the end of... を用いるのが妥当だが、こちらは「……が終わるところ、……の最終端」という意味。

■ Training 3 ［§3 頻度］
訳：食習慣に関する限り、この人の生活はあまり健康的ではありません。通常、1 日に 2 食しか取らないのにもかかわらず、脂っこい食べ物を毎日食べています。しかも、飲酒が 1 日おき、つまり週に 3、4 回の頻度です。
運動は週に 1 回だけで、これで食習慣の問題を十分に解消できるとは思えません。シャワーは頻繁に浴びていますが、精神的にくつろぐにはもっと頻繁に入浴したほうがいいでしょう。

正解：(A) a day (B) every (C) every other (D) a week (E) once (F) frequently
解説：(A) の twice a day や (D) の four times a week のように、「回数＋基準となる時間・期間」の形で頻度が表される。a day や a week などの「基準となる時間・期間」は、文中では副詞句である。(C) の文では「1 日おき」の意味の every other day を用いる。every other... は「1……おき」の意味の表現で、every other week なら「1 週間おき」、every other month なら「1 カ月おき」という具合に頻度を表すのによく使われる。ちなみに「2 ……おき」は every two...、「3……おき」は every three... と表現し、every two weeks なら「2 週間おき」、every three months なら「3 カ月おき」ということになる。(F) には高頻度であることを 1 語で表す副詞 frequently を用いるのがよい。

■ Training 4 ［§4 様態・付帯状況］
正解：(1) (B)　(2) (A)　(3) (C)　(4) (A)　(5) (B)　(6) (C)　(7) (A)
解説：(1) では、「急速に」の意味の副詞 rapidly を用いるのが妥当。(3) の in the way they used to do は「彼らがかつてやっていた方法で」の意味。(4) では、「やり方、態度」を表す manner を用いて in a casual manner（くだけた態度で）という表現を成立させる。(6) の strictly confidential は「極秘の」の意味の定型的な言い回し。(7) では in such a way as to...（……するように、……するような方法で）の形を成り立たせればよい。

■ Training 5 ［§5 道具・手段］
正解：(1) (A)　(2) (C)　(3) (B)　(4) (C)　(5) (A)　(6) (C)　(7) (A)
解説：(1) の by air は「飛行機で」の意味で、(6) の by sea（船で）と併せて覚えておくのがよい。(2) では道具を表す前置詞 with を用いる。(3) の by も交通手段を表すもので、by car、by train のように by に続く名詞には冠詞などの限定詞をつけない。(4) では、「……を手段として」の意味の by means of... を使う。(7) の by use of... は「……を使って」の意味。

■ Training 6 ［§6 目的・結果］
正解：(1) (B)　(2) (C)　(3) (A)　(4) (B)　(5) (A)　(6) (C)　(7) (A)
解説：(1) の in order to... は「……するために」、(2) の so as not to... はいわばその否定形で「……しないために」の意味。(5) の in order that... は (1) の in order to... の to 不定詞の代わりに that 節を用いた形。(6) の only to... は「結局……するだけのこととなる」という否定的な結果を言い表すための表現。

Part 4 空間的意味を表す副詞

■ Training 1
正解: (1) throughout (2) since (3) during (4) without (5) According (6) but (7) by

解説: (1) では「……の間中ずっと」の意味を表す前置詞 throughout を用いる。(2) の since は時間的な起点を表す前置詞。(3) では、during（……の間）が当てはまるが、in（……の最中に）も使える。(5) の according to...（……によると）は前置詞的に用いられる句。(6) では「……を除いて」の意味を表す but が使える。

■ Training 2
訳: (1) ホールの壁に大きな抽象画が掛かっている。
(2) 暴風雨が原因で、線路をまたいで木が倒れてしまった。
(3) 窃盗犯は、浴室の窓から家に侵入したと思われる。
(4) 少年は川に沿って自転車をこいでいた。
(5) 犬は競技へ向けて、障害物を跳び越える訓練を受けている。
(6) 彼女は、池の周りを毎朝ジョギングすることにしている。
(7) 富士山の真上に雲がひとつ浮かんでいるのは、珍しいにちがいない。
(8) ニーナは両親に挟まれて楽しそうに歩いていた。

正解: (1) on (2) across (3) through (4) along (5) over (6) around (7) above / over (8) between / with

解説: (1) では、絵が壁に掛かっている状態を表すのに「絵が壁に接触している」と捉えて、接触を表す前置詞 on を用いるのが妥当。(3) には通過を表す前置詞 through を用いるのがよい。(7) では、山の頂上から離れた上空の位置を、前置詞 above を使って表す。over でもよい。(8)「両親にはさまれて、両親の間に」ととるなら between、「両親といっしょに」ととるなら with が使える。

■ Training 3
訳: (1) 中世の城が木々の間に立っている。
(2) ピエロが塀に寄りかかっている。
(3) 少女がクマと手をつないで歩いている。
(4) 石造りの太鼓橋が小川に架かっている。
(5) 列車が小川に沿って走っている。
(6) 老夫婦が照明塔の下に座っている。
(7) コウモリ数匹が幽霊屋敷の壁に描かれている。
(8) 風船が噴水の上を飛んでいる。

正解: (1) among (2) against (3) with (4) across (5) along (6) below (7) on (8) above

解説: (1) では、複数のものの間にあることを表す前置詞 among を用いるのがよい。(2) には「……にもたれて、……に寄せて」の意味の against を使う。(3) には前置詞 with を入れて、hand in hand with...（……と手をつないで）という形を成立させる。(4) には「……を横切って、……をまたいで」の意味の across を用いる。(6) の below（……の真下に）と (8) の above

（……の真上に）は、空間的に逆の関係にあると言える。

Part 5 副詞の位置

■ Training 1
正解：(1) (A)　(2) (B)　(3) (A)　(4) (C)　(5) (C)　(6) (B)　(7) (A)
解説：(1) では、副詞 strangely が文全体を修飾していると考えるべきなので、文頭で用いるのが妥当。(2) の actually は動詞 quit を修飾していると考えられる。(4) の continuously は are working on を修飾すると考えるのが妥当。進行形を副詞が修飾する場合、副詞は be 動詞の直後に置かれるのが普通。

■ Training 2
(1)
正解：(A) really　(2) obviously　(3) simply
解説：(A) の位置で really を使えば「本当に嫌いだ」という意味が明確に伝わるが、もし don't と like の間で用いると「本当に好きなわけではない」という意味に取られる可能性が出てくる。

(2)
正解：(A) なし　(B) actually　(C) probably　(D) incredibly
解説：(C)(D) には、まず文全体を修飾する probably、次に形容詞 careful を修飾する incredibly という順序で用いるのが妥当。

(3)
正解：(A) possibly　(B) Generally　(C) なし　(D) recently
解説：(D) の recently は、launched の直後で用いて ...that were launched recently is free. とすることもできる。

(4)
正解：(A) kindly　(B) なし　(C) なし　(D) mainly
解説：(A) を含む Could you kindly...? は、「恐れ入りますが……していただけますか」という丁寧に依頼するときの定型表現のひとつ。

(5)
正解：(A) significantly　(B) almost　(C) なし
解説：(A) の significantly（かなり）は、物事の程度が大きいことを表すときに頻繁に用いられる副詞。(B) を含む almost always（たいていいつも）という副詞の連続フレーズは、非常に頻用される。

(6)
正解：(A) completely　(B) Unfortunately　(C) still
解説：(A) の completely のような「完全、すべて」を表す副詞が not と共に用いられると、「完全に……というわけではない」という部分否定を表す。

第 3 部● 解答・解説

総合問題

■ Training 1
訳：おいしいコーヒーの入れ方
① コーヒー豆を計量し、粗びきします。
② やかんに水を入れ、火にかけて沸騰させます。
③ 紙フィルターをドリッパーの内側にセットし、フィルター全体にお湯をかけます。こうしてフィルターの紙臭さを取り除きます。
④ お湯をコーヒーの粉の上から注ぎ、円を描く要領でお湯をかけて粉全体にまんべんなくお湯が染みわたるようにします。
⑤ さらにお湯をゆっくり、途切れることなくつぎ足します。お湯は、コーヒーの粉の中央部分に集中させます。
⑥ コーヒーは 2 分ほどでろ過されるはずです。流れ落ちるコーヒーが徐々にしずくになって止まったら、コーヒーの出来上がりです。

正解：① **(C)** ② **(A)** ③ **(B)** ④ **(A)** ⑤ **(B)** ⑥ **(A)**
解説：①では、豆などを「粗く」ひくことを表す副詞 coarsely を選ぶのがよい。反対の「細かく」には finely という語を用いる。④には「まんべんなく、均等に」の意味の evenly を用いるのが妥当。⑤の slowly and steadily は、ここでは「ゆっくり途切れなく」の意味。⑥では、in about two minutes で「約 2 分後に」の意味となる。この in は、経過時間・所要時間の終結点を表す前置詞。

■ Training 2
(1)
訳：ロナルド・トンプソン：どうやらこれ、ゆうべの僕らしい。
　　ベン・ハリス：無事に家に帰り着いたの？
　　ロナルド・トンプソン：正直なところ、何も覚えてない。とにかく今朝、自分のベッドで目を覚ましたんだ。
　　エミリー・ヒューストン：この写真、誰が撮ったの？　どうして写真が手元に？
　　ロナルド・トンプソン：うーん、いまだに謎だらけだ。

正解：**(A) (A) (C) (B)**
解説：Ben Harris の投稿文では、safe を副詞で用いて get home safe（無事に帰宅する）という表現を成立させるのが妥当。Ronald Thompson のふたつ目の投稿文では、副詞 honestly（正直なところ）に文全体を修飾させるのがよい。Ronald Thompson の 3 つ目の投稿文では、「まだ、いまだに」の意味の still を用いる。yet は「まだ（……ない）」という意味で、否定文中で用いられる語。

(2)
訳：アリス・ロイド：理屈のうえでは可能だけど……。
　　キム・ホワイト：彼氏？
　　アリス・ロイド：そうなの、キム。彼、最近、筋トレ始めて。
　　ジョージ・ヘンリー：そうか、わかったぞ。この写真、もともとは縦の構図で撮ったんだろ。

149

正解：(B) (A) (C) (A)
解説： George Henry の文では、「元来は、もともと」の意味の originally と、「縦に、垂直に」の意味を表す vertically を用いるのがよい。「当初、縦方向に撮影した写真を横に倒して投稿したのだろう」という冗談めかした指摘になる。ちなみに vertically の反意語は horizontally（水平に）。

(3)
訳： ブラッド・ハミルトン：おととい、近くの幹線道路で。
　　チャールズ・イートン：この場所を同じ日の晩に通ったけど、もう撤去されてた。
　　アリス・ベッカー：けが人が出なかったならいいけど。
　　ダグ・デービッドソン：ここでは去年の夏以来、事故が多いんだ。
　　ブラッド・ハミルトン：そうなんだよ、ダグ。この交差点、去年の夏に改修されたんだけど、結局、事故が増えただけだね。

正解：(B) (A) (C) (A)
解説： Brad Hamilton の最初の投稿文では、「おととい」の意味の the day before yesterday を用いればよい。この投稿文を完全な形の文にすると、This is nearby highway the day before yesterday. のようになる。Charles Eaton の文では、前置詞 on を用いるのが妥当。単に「夜に」と時間帯を表す場合には in the evening と in を用いるが、of that day のような特定の「日」を表す語句が続いた場合には、前置詞を on に代える必要があるので注意。Doug Davidson の投稿文では、現在完了形で表されている継続的な事柄が発生した時間的な起点を、前置詞 since を用いて表現するのがよい。

第4部

情報配列と構文

情報単位としての句や節といったチャンク表現を連鎖として並べていくこと、これがチャンキングです。チャンキングは語順、つまり情報の配列に従います。ここでは情報の流れを配列のテンプレートとして捉えて、次の7つのポイントを重点的にトレーニングします。

Part 1 情報を並べる基本
Part 2 情報をつなげる接続詞
Part 3 質問する・応答する
Part 4 比較構文
Part 5 否定構文
Part 6 話法　誰かの発話を伝える
Part 7 仮定法構文

PART 1

情報を並べる基本

　節を構成するための情報配列（語順）は、「主語＋動詞＋α」が基本ですが、それに副詞の位置として節のはじめ（initial 副詞）、節の中（middle 副詞）、節の終わり（final 副詞）があります。また、疑問文を作るのに使うQ[疑問・倒置文のマーカー：does、do、don't、is、can、could など]の位置も情報配列のテンプレートに含めておく必要があります。そして、節を導く節導入詞の位置と、付加疑問の位置が加われば、英語の情報配列の基本テンプレートは出来上がりです。このテンプレートの位置を利用して、節（文）は作成されるのです。

節を作るための情報配列のテンプレート

節導入詞　[initial 副詞　疑問Q　主語〈助動詞　middle 副詞　動詞〉α final 副詞]，付加疑問
　　　　　　　　　　　　　　　　　　　動詞チャンク

↓

テンス（助動詞＋完了＋進行＋受け身）＋動詞

* **節導入詞**：文や節の連結詞、関係節や内容節を導く詞（and、but、however、when、as、関係代名詞の who、名詞節の that や why など）
* **疑問Q**：疑問・倒置文のマーカー（does、do、don't、is、are、am、did、can、could など）

例：**I don't know why she believed what Bill told her.**

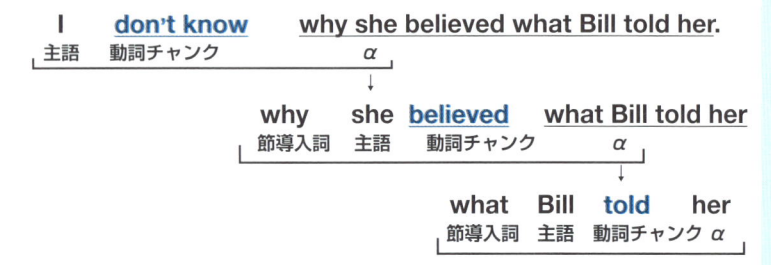

I　　**don't know**　　why she believed what Bill told her.
主語　　動詞チャンク　　　　α
　　　　　　　　　　↓
　　　　　　　why　　she　**believed**　what Bill told her
　　　　　　　節導入詞　主語　動詞チャンク　　　α
　　　　　　　　　　　　　　　　　　↓
　　　　　　　　　　　　　　what　Bill　**told**　her
　　　　　　　　　　　　　　節導入詞　主語　動詞チャンク　α

Training ①

適切な語句をひとつずつ選び、日本語が示す事柄・内容を英語で述べてください。

(1) このパソコンを月末までに買うと、5,000円キャッシュバックしてもらえる。
[(A) This / (B) It / (C) There] is a 5,000-yen cashback plan for this PC if you buy one by the end of the month.

(2) 君はただ来月の期日までに資料を完成させてくれればいいんだよ。
[(A) All you have to do / (B) You only have to do / (C) You have to do all] is complete the documents by the deadline next month.

(3) いくつかの報告によると、働きすぎるとうつになる可能性があるという。
According to some reports, [(A) work too hard / (B) if you overwork / (C) overwork] can lead to depression.

(4) 次の角を左折してコロンビア通りに入り、そこから2分ほど歩くと市役所に着きます。
Take the next left into Columbia Street, where a couple of [(A) minutes to walk / (B) minutes' walk / (C) minutes you walk] will bring you to City Hall.

(5) 彼がプレゼンで話すことが、常に市場に影響を与えてきた。
[(A) What he says / (B) That he says / (C) He says of what] during his presentations has always influenced the market.

(6) うちの部署が、たった2年間で売り上げを倍増させるのは非常に難しいだろうね。
[(A) That / (B) We / (C) It] will probably be very difficult for our team to double our sales in only two years.

(7) これはべつに、ストレスを抱えているときに酒を飲むべきではないという意味じゃないよ。
[(A) This is not / (B) This is what / (C) What this is] to say that people should not drink when they feel stressed.

Training ②

カッコ内に異なる語句を入れて、日本語が示す事柄・状況をふた通りの英語で述べてください。

(1)

> ゲイリーがロックミュージシャンになるきっかけとなったのはビートルズだった。

(A) [   ] decided to become a rock 'n' roll musician when he heard the Beatles' songs.
(B) [   ] the Beatles' songs made Gary decide to become a rock 'n' roll musician.

(2)

> 私は毎週、およそ10キロメートル走って、ストレスを解消している。

(A) [   ] about ten kilometers a week helps me relieve stress.
(B) [   ] run about ten kilometers a week in order to relieve stress.

(3)

> 中尾さんが禁煙したきっかけは、肺を患ったことだった。

(A) [   ] stopped smoking after he developed lung disease.
(B) [   ] lung disease led Mr. Nakao to stop smoking.

(4)

> エリカが東南アジアへ行ったのは、沢木耕太郎の著作の影響だった。

(A) [   ] Kotaro Sawaki's book led Erika to Southeast Asia.
(B) [   ] decided to make a trip to Southeast Asia as a result of reading Kotaro Sawaki's book.

(5)

マイケルは、2度目の結婚を機に浪費をやめた。

(A) [　　] decided to stop his extravagance when he got married for the second time.
(B) [　　] led him to stop his extravagance.

(6)

この会社が米国市場へ進出するのはリスクが大きい。

(A) [　　] is quite risky for this company to enter the U.S. market.
(B) [　　] the U.S. market is quite risky for this company.

(7)

子どものころ、外国へ行くことを考えると胸が高鳴った。

(A) When I was a child, [　　] of going abroad was really exciting to me.
(B) When I was a child, [　　] was really exciting for me to think about going abroad.

(8)

飲酒が健康に悪いとばかりは言えないそうだ。

(A) A lot of reports say that [　　] alcohol is not always bad for people's health.
(B) A lot of reports say that [　　] is not always bad for people's health to drink alcohol.

Training 3

日本語を参考にしながら、下に提示された語句をカッコ内に入れ、英語のやりとりを完成させてください。なお、提示された語句には使わないものも含まれています。

(1)
A: Finally [(A)] is Friday. Do you have any plans tonight?
（ようやく金曜日だね。今夜は何か予定あるの？）
B: I'm going for a drink with Oliver. [(B)] a drink with him is a lot of fun.
（オリバーと飲みに行くんだ。あいつと飲むのはとても楽しいよ）
A: So, [(C)] you criticize him in meetings doesn't mean you don't like him.
（会議で彼を批判するからといって、彼のことが嫌いなわけじゃないんだね）
B: [(D)] I criticize are his ideas about marketing, not his character. We are good friends actually.
（僕が批判するのは彼の営業に対する考え方であって、彼の人格じゃないよ。僕らは実はいい友だち同士なんだから）
A: That's great. Have a nice evening.
（いいね。今夜は楽しんでね）

having / it / just because / this / to / what

(2)
A: Do you have time this afternoon? Mr. Wada just called me and said [(A)] is something he would like to show us at the warehouse office.
（きょうの午後、時間ある？　和田さんがいま電話してきて、倉庫の管理事務所で我々に見せたいものがあるって言うんだ）

B: Well, [(B)] will be available after 2:00, but what is it that he is going to show us?
（ああ、2時以降ならあいてるわ。でも、何を見せようっていうのかしら）

A: I don't know. He doesn't allow any questions. [(C)] we can do is just go along with what he says.
（さあね。質問は許してくれないから。あの人の場合、指示に従うしかない）

B: I know. He's a difficult boss.（そうね。気難しい上司だわ）

A: And we have some difficult colleagues. [(D)] is quite hard to get along with people at work.
（同僚にも何人か気難しいのがいるけどね。職場で人とうまくやるのは、ほんと大変だよな）

---

all / I / it / that / there / what

PART 2 情報をつなげる接続詞

接続詞は、語と語、句と句、節と節をなんらかの意味関係につなげる工夫です。このネットワークで取り上げているのは節と節をつなぐ接続詞ですが、どういう接続関係があるかを一望しておくと複雑な表現がしやすくなります。

接続詞ネットワーク

As soon as I receive the package, I'll phone you.
荷物を受け取ったらすぐに電話します。

直後の関係 [……したらすぐに~する]
as soon as / no sooner... than

等位接続詞 [そして、しかし、それで]
and / or / but / so

She's attractive but she has no manners. 彼女は魅力的だけど、マナーがなってないな。

同時的時間関係 [……したとき~]
when / while / as

Don't talk when your mouth is full. 口に食べ物が入っているときには話してはいけません。

分詞構文 [……すると]
doing

Sitting on a park bench, he ate a hot dog. 彼は公園のベンチに座ってホットドッグを食べた。

状況如何に関わらず [たとえ……でも]
even if / even though

You should visit New York, even if it is dangerous. 危険かもしれないけど、ニューヨークにぜひ行ってごらんよ。

前後・継続 [……の前(後)に]
before / after / since / until

Before he comes back, you should leave this place. 彼が帰ってくる前にここを離れたほうがいい。

理由 [……なので]
because / since / as

She is home, because the lights are on. 彼女は家にいる。なぜなら明かりがついているからだ。

条件 [もし……なら]
if / unless / as long as

If it rains, I'll stay home. もし雨なら、家にいることにしよう。

反復 [……するごとに]
every time / each time

Every time I call him, he is out. 電話してもいつも彼はいない。

期待に沿わない [……だけれども]
though / although

Although the problem was tough, she managed to solve it.
問題は難しかったけれども、彼女はそれをなんとか解いた。

Training ①

下線部の語に注意し、これに続く英語として適切なものをひとつずつ選んでください。

(1) Julian is a successful lawyer, <u>but</u> ----------
　(A) not very successful as a family man.
　(B) as a family man as well.
　(C) he is trusted by everyone.

(2) The weather turned bad suddenly, <u>so</u> ----------
　(A) the ball game was forced through.
　(B) no spectators went home.
　(C) the ball game was suspended.

(3) This minister had better withdraw his remark soon, <u>or</u> ----------
　(A) he will avoid resignation.
　(B) he will be forced to resign.
　(C) he is accountable for it.

(4) Finally this app is being sold both in Japan <u>and</u> ----------
　(A) other software products.
　(B) available for free.
　(C) in the United States.

(5) Regular jogging contributes not only to improving metabolic function, <u>but</u> ----------
　(A) also to strengthening muscles.
　(B) also to decreasing physical power.
　(C) also to a loss of appetite.

(6) Barbara should either stop complaining about her job <u>or</u> ----------
　(A) criticize the management.
　(B) leave the company.
　(C) stay at work.

Training ②

日本語で説明されているふたつの事柄・状況を結びつけて表すのに最も適切な語句を選択し、英語のメッセージを完成させてください。

(1)

・ウォレスは本社の役員の前でプレゼンをする予定だ。
・来月、本社の役員が訪問する。

Wallace is supposed to make a presentation [(A) since / (B) before / (C) when] a board member from the headquarters visits us next month.

(2)

・シャノンは毎日外出する。
・シャノンは両親に、自分の子どもたちを預ける。

Shannon's parents take care of their grandchildren [(A) while / (B) until / (C) after] Shannon is away every day.

(3)

・クリフォードは、一貫して経理畑を歩んでいる。
・クリフォードは2002年に初めて職に就いた。

Clifford has been engaged in accounting work [(A) when / (B) since / (C) as] he got his first job in 2002.

(4)

・ブライアンは駅前を自転車で通過した。
・私は駅前でタクシーに乗り込んだ。

Just [(A) as / (B) while / (C) soon] I was getting into a cab in front of the station, I saw Brian passing by on a bicycle.

(5)

・レナードは、ハイボールを飲み続けた。
・レナードは、結局酔いつぶれてしまった。

Leonard kept on drinking whiskey and soda last night [(A) after / (B) until / (C) while] he passed out.

(6)

・機体の安全が完全に確認された。
・飛行機は滑走路を動き始めた。

[(A) As soon as / (B) No sooner / (C) Not until] the safety of the plane was completely confirmed did it begin to taxi on the runway.

(7)

・ジェシカのスマホにメールが着信する。
・ジェシカはいちいち、スマホのメールをチェックする。

[(A) Every time / (B) No sooner / (C) No matter] an e-mail message comes in on her smartphone, Jessica checks it.

(8)

・ブラックウェルさんは、ノートパソコンを操作していた。
・ブラックウェルさんは、スクリーンに映し出された事柄について説明を始めた。

[(A) To operate / (B) Operating / (C) By operating] his laptop, Mr. Blackwell began to explain what was projected on the screen.

Training 3

日本語で説明されているふたつの事柄・状況を結びつけて表すのに最も適切な語句を選択し、英語のメッセージを完成させてください。

(1)

・キャメロンはきょう一日中、ベッドにいた。
・キャメロンは、ひどい頭痛に見舞われていた。

Cameron couldn't get out of bed all day today [(A) for / (B) if / (C) because] she had a bad headache.

(2)

・アンドリューは ICT*の専門家だ。
・メールサーバーのトラブルについてアンドリューに相談した。

[(A) For / (B) Since / (C) Now that] Andrew is an ICT expert, I talked to him about the recent problems with our e-mail server.

(3)

・ジョシュアは父親の遺産を相続した。
・ジョシュアは悠悠自適の暮らしをしている。

[(A) Now that / (B) As long as / (C) If] Joshua has inherited his father's fortune, he is living a life of ease.

(4)

・修理に出しているプリンターが戻ってくるのは1週間後だ。
・プリンターが戻ってくる条件は、新たな不具合が見つからないことだ。

[(A) If / (B) As long as / (C) Unless] another problem is found, the printer under repair will be returned in a week.

*ICT=information and communication technology

(5)

・会社の経費で飲食が可能だ。
・飲食費を経費で落とす条件は、ひとりあたり5,000円以内に収めることだ。

You can eat and drink on the company [(A) if not / (B) as long as / (C) unless otherwise] the meal expense is under 5,000 yen per person.

(6)

・マーカスにはコンピュータプログラミングの能力があった。
・マーカスには根気がなかった。

[(A) Although / (B) As / (C) Unless] Marcus was capable of computer programming, he did not have enough patience for the job.

(7)

・リサの父親は手術を2回受けた。
・リサの父親の病状は好転していない。

[(A) Even though / (B) Even if / (C) As long as] Lisa's father has had two operations, his condition has not improved.

(8)

・新聞は、首相の失政についてあれこれ書き立てる。
・首相は、絶対に失政を認めようとしない。

[(A) No matter / (B) Whatever / (C) Even] the papers write about the prime minister's political mistakes, he will never admit them.

PART 3
質問する・応答する

　質問と応答は会話の基本をなします。質問には情報を収集するという典型的なはたらきがあります。質問の種類としては、yes/no の答えを期待するもの、A or B で選択を要請するもの、さらに 5W1H（who / what / when / where / why / how）についての情報を求めるものがあります。

　仮に事件があれば、これらの一連の質問が行われ情報収集が行われます。また、歴史、地理、数学、物理など教科内容の学習においても、生徒の側からいえば、意識的か無意識的かを問わず、yes/no、A or B、あるいは 5W1H の質問を通して知識の構成が行われるでしょうし、教師の側からみても、発問行為を通して学習活動の流れが作りだされていきます。

質問・応答表現ネットワーク

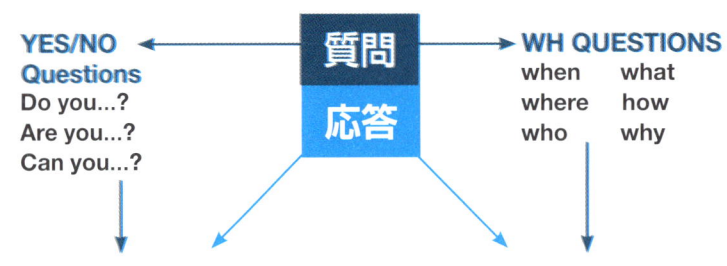

YES/NO Questions
Do you...?
Are you...?
Can you...?

質問 / 応答

WH QUESTIONS
when　what
where　how
who　why

YES/NO Questions に対する応答

素直に Yes. か No. で答える
Yes. / No.

条件つき・婉曲的な答え方
Yes and no.
なんとも言えない。
It depends.
一概には言えない。
I guess so.
そうみたいですね。
Yes, as long as...
〜であるかぎりはそうですね。

WH Questions に対する応答

質問の意図にあった答えをする
when →時間、what →何か
where →場所、why →理由など

答えるのが難しい場合の切り出し方
I don't know what to say.
なんと言っていいのかわかりませんが。
That's a difficult question, but...
難しい質問ですね、しかし〜

Training ①

最も適切な応答文をひとつずつ選び、英語のやりとりを完成させてください。

(1)
A: Did you know Claudia is getting married soon?
B: (A) OK.
　 (B) More or less.
　 (C) That's great.

(2)
A: Are you going to Osaka for the meeting next month?
B: (A) No problem.
　 (B) It depends.
　 (C) Yes, I do.

(3)
A: Did I give you my e-mail address?
B: (A) I guess so.
　 (B) No way.
　 (C) In a sense.

(4)
A: Do you think Mr. Callaghan will be appointed the next CEO?
B: (A) By no means. He lacks charisma.
　 (B) Most likely. He lacks charisma.
　 (C) You bet. He lacks charisma.

(5)
A: Should I get everything done by tomorrow?
B: (A) No, I shouldn't.
　 (B) Sort of.
　 (C) It's up to you.

Training ②

日本語を参考にしながら、下に提示された語句をカッコ内に入れ、英語のやり取りを完成させてください。なお、提示された語句には使わないものも含まれています。

(1)
A: Mr. Kurosawa, [(A)] brought you to our company?
（黒沢さん、なぜ当社を志望なさったのですか）
B: I'm very interested in your LED technology. This company is at the top of the industry.
（御社のLED技術にとても興味があるのです。御社はその業界の第一人者ですから）
A: Did you specialize in LED?（専攻はLEDだったのですか）
B: [(B)], yes. My major was electroluminescence.（ある意味では、そうです。エレクトロルミネッセンスを専攻しましたので）
A: [(C)] you like to work as an engineer, [(D)] are you interested in sales and marketing as well?
（技術者として働きたいのですか、それとも営業に回ってもいいと思っていますか）
B: Well, [(E)]...（うーん、そうですねぇ……）

---

in a sense / let me see / or / that's OK / what / why / would

(2)
A: [(A)] seems to be the trouble, Ms. Carleton?
（どうしました、カールトンさん？）
B: Well, I have a headache.（はい、頭痛がするんです）
A: Do you think you have a fever?（熱っぽいですか）
B: [(B)]. I have chills, actually.（なんとなく。実は寒気もあります）
A: [(C)]. Let me take your temperature. ... Well, you have a slight fever.
（なるほど。熱を測ってみましょう。……ああ、ちょっと熱がありますね）
B: Is this a cold?（風邪でしょうか）
A: [(D)].（まず間違いないでしょうね）
B: Should I take one more day off and stay in bed?
（もう一日休んで寝ていたほうがいいでしょうか）
A: [(E)]. I'll prescribe medicine for you, anyway.
（それはお任せします。とにかく薬を出しておきますので）

**how / it's up to you / most likely / OK /
maybe / sounds great / what**

PART 4

比較構文

　何かを比較して類似・相違について語ったり、優劣について語ることがよくあります。優劣について語るときの基本は、「……と同じぐらい～だ」「……よりも～だ」「……の中で一番～だ」の3つです。比較表現には多くの慣用表現もあり、表現のレパートリーに加えたいところです。

比較構文のネットワーク

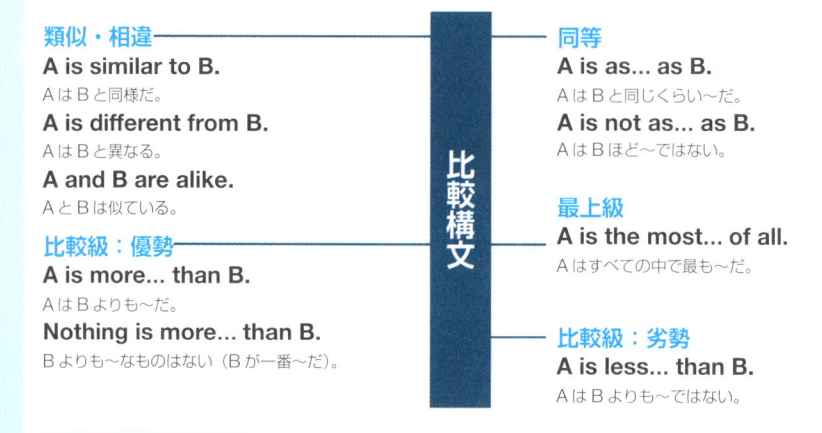

類似・相違
A is similar to B.
AはBと同様だ。
A is different from B.
AはBと異なる。
A and B are alike.
AとBは似ている。

比較級：優勢
A is more... than B.
AはBよりも～だ。
Nothing is more... than B.
Bよりも～なものはない（Bが一番～だ）。

比較構文

同等
A is as... as B.
AはBと同じくらい～だ。
A is not as... as B.
AはBほど～ではない。

最上級
A is the most... of all.
Aはすべての中で最も～だ。

比較級：劣勢
A is less... than B.
AはBよりも～ではない。

比較の慣用表現のいろいろ

■ **同等表現を用いた慣用表現**
as... as possible [できるだけ～] / as... as can be [この上なく] / as many as [～もの数の、～ほど多数の] / as much as... [～もの量、～ほど多くの量] / it's not so much A as B [AというわけではなくてB]

■ **比較級を用いた慣用表現**
no less than... [～ほども多くの] / no better than... [～と同様で、まるで～ある] / little more than... [ただの～くらいにしか、ただの～にすぎない] / more than any other... [他の誰（何）よりも] / no more A than B [AでないようにBなんかではない] / the more..., the more... [～であればあるほど……だ] / all the better [～のほうがさらによい] / much less [まして～なのは無理だ] / none the less [それでもなお]

■ **最上級を用いた慣用表現**
the second most... [2番目に～なのは] / at best [よくてもせいぜい] / at most [どんなに多くてもせいぜい] / at least [少なくとも]

Training ①

比較表に示された内容に基づいて、カッコ内に適切な語句を入れ、機器や店の英文レビューを書いてください。

(1)

	Cosmos SP5	Experience 06D	E-Phone 7
サイズ（幅×高さ×厚み）	82 × 151 × 8.5 ミリ	72 × 146 × 7.3 ミリ	65 × 127 × 8.8 ミリ
重量	約 177 グラム	約 152 グラム	約 129 グラム
ディスプレイ	5.6 型 HD（1600 × 2560 ピクセル）TFT 液晶	5.2 型 HD（1080 × 1920 ピクセル）TFT 液晶	4.6 型 HD（720 × 1080 ピクセル）TFT 液晶
連続通話時間	LTE：約 1110 分	LTE：約 1080 分	LTE：約 990 分
	3G：約 1020 分	3G：約 810 分	3G：約 700 分
実使用時間	約 68.6 時間	約 81 時間	約 78.3 時間
バッテリー容量	3000mAh	3100mAh	2600mAh
カメラ	有効約 1600 万画素 CMOS	有効約 2070 万画素 CMOS	有効約 2070 万画素 CMOS
ストレージ	32 ギガバイト	32 ギガバイト	16 ギガバイト

Regarding the size, the E-Phone 7 is [(A)] than the other two in length and width, but the Experience 06D is the [(B)] of the three. The Cosmos SP5 is the heaviest; it's 48 grams [(C)] than E-Phone 7.

It seems that you can see images on the screen of the Cosmos SP5 better than on the others, since it has the [(D)] display.

You can talk on the phone [(E)] if you use the Cosmos SP5, but you cannot use the phone as long [(F)] the other two if you access the Internet, play games and so on.

You can keep [(G)] data on the Experience 06D as on the Cosmos SP5, but you can store only [(H)] the volume of data on the E-Phone 7 as on the other two.

(2)

店名	座席数	ランチ予算	ディナー予算	個室数	個室 10名まで	20名まで	30名まで	30名以上
山科 (そば)	28	1,800円〜	4,000円〜	0				
もみじ亭 (懐石料理)	36	15,000円〜	36,000円〜	5	○			
瀬川 (天ぷら)	58	2,000円〜	5,000円〜	2	○	○		
大田原 (すき焼き・しゃぶしゃぶ)	50	3,500円〜	7,000円〜	3		○	○	○

For lunch, you can have soba (Japanese noodles) or tempura for reasonable prices — [(A)] than 2,500 yen. If your budget is quite large, like [(B)] 15,000 yen for a business lunch, for example, it might be a good choice to enjoy traditional Japanese food at the [(C)] exclusive restaurant, Momiji-tei.

If the number of people in your party is [(D)] than ten, you have two choices of restaurants for a private room. If your group is [(E)] than 20 people, you can reserve a private room at Otawara, the sukiyaki/shabu-shabu place. As far as the seating capacity is concerned, Segawa, the tempura restaurant, is the [(F)] of all.

Training ②

日本語の見出しをヒントに、カッコ内に適切な語句を入れて、ギネス世界記録を紹介する英文を完成させてください。

(1) 一輪車による幅跳びの世界記録
The [   ] jump on a unicycle was 2.95 m and was achieved by an Austrian in September 2006.

(2) サッカーボールを何個使ってお手玉できるかの世界記録
The [   ] footballs juggled simultaneously was five. It was achieved by an Argentine in November 2006, and was matched by a Netherlander in 2014.

(3) 幅の狭い公道の世界記録
The [   ] public street is in Germany; it is only 31 cm wide. It was measured in February 2006.

(4) 落差の大きな滝の世界記録
Angel Falls in Venezuela is the [   ] waterfall, with a height of 979 m, including its greatest single drop and other rapids and cascades.

(5) 重たいキャベツの世界記録
The [   ] cabbage weighed 62.71 kg, and was recorded in Alaska, U.S.A., in August 2012.

(6) レモンジュースの早飲み世界記録
The [   ] time to drink one liter of lemon juice through a straw is 54.1 seconds, and was achieved by an American in June 2013.

(7) ハンバーガの最高値の世界記録
The [   ] expensive hamburger sold for $5,000, and was prepared by a restaurant in Oregon, U.S.A., in July 2011.

PART 5 否定構文

　否定表現の基本は「……であること」に対して「……ではないこと」とコトを否定するものです。しかし、否定の仕方にはコトの否定だけでなく、モノの否定それに頻度の否定があります。しかも、全面的に否定するという場合に加え、全面否定の少し手前のところで否定するという方法もあります。さらに、全部を否定するのではなく部分を否定する、否定の否定という二重否定、さらに条件をつけて否定するという方法もあります。

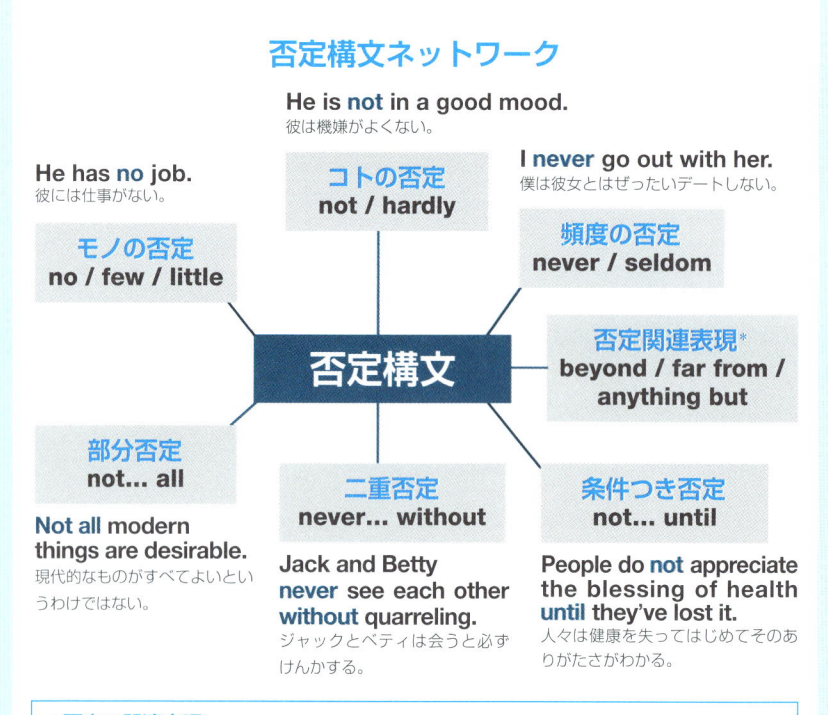

否定構文ネットワーク

コトの否定 — not / hardly
He is **not** in a good mood.
彼は機嫌がよくない。

頻度の否定 — never / seldom
I **never** go out with her.
僕は彼女とはぜったいデートしない。

モノの否定 — no / few / little
He has **no** job.
彼には仕事がない。

否定関連表現* — beyond / far from / anything but

部分否定 — not... all
Not all modern things are desirable.
現代的なものがすべてよいというわけではない。

二重否定 — never... without
Jack and Betty **never** see each other **without** quarreling.
ジャックとベティは会うと必ずけんかする。

条件つき否定 — not... until
People do **not** appreciate the blessing of health **until** they've lost it.
人々は健康を失ってはじめてそのありがたさがわかる。

---

*否定の関連表現

- beyond: That's **beyond** my understanding. そのことは私にはわからない。
- far from: This is **far from** a reality. それは現実とはかけ離れている。
- anything but: He is **anything but** predictable. 彼の行動は予想がつかない。

Training ①

適切な語句をひとつずつ選び、日本語が示す事柄・内容を英語で述べてください。

(1) この10年にわたり、山根さんは当社に多大なる貢献をしてくれました。
For the past ten years, Mr. Yamane has made [(A) not / (B) no / (C) little] small contribution to our company.

(2) ブレンダがストレスを感じるのは、自分の望みが、これまでのところひとつもかなえられていないと思っているからだ。
Brenda is stressed because she thinks that [(A) none / (B) nothing / (C) no] of her wishes has been fulfilled so far.

(3) レイチェルがパーティーの会場に着いたとき、ボトルの中にはワインがほとんど残っていなかった。
When Rachel arrived at the party, there was [(A) a little / (B) little / (C) less] wine left in the bottle.

(4) この部署では、まだ誰も海外出張をしたことがない。
[(A) Not / (B) Nobody / (C) No] one in this department has ever made a business trip abroad.

(5) 私ひとりでこれだけの仕事をきょう中に終わらせるなんて、どう考えても無理ですよ。
It is by [(A) no / (B) never / (C) not at all] means possible for me alone to finish all this work today.

(6) その合併話については僕も耳にしたけれど、うわさにすぎないと思うよ。
I heard about the possible M&A too, but I think it's [(A) not / (B) nobody / (C) nothing] but a rumor.

(7) これだけ大掛かりなプロジェクトを始めてしまったのだから、いまさら後へは引けないよ。
Now that we have already started this big project, there is [(A) never / (B) no / (C) not a] turning back.

Training ②

日本語が示す事柄・状況を説明するのに、より適切なほうの英文を選んでください。

(1)
> 私は、ヤマト社からのオファーを受けるべきだと考えていた。

(A) But my boss did not agree to accept the offer from Yamato Co.
(B) But my boss agreed not to accept the offer from Yamato Co.

(2)
> ミルドレッドには、結婚相手が有名人かどうかなど関係なかった。

(A) Because he was famous, Mildred did not marry him.
(B) Mildred did not marry him because he was famous.

(3)
> 私は、次の人事異動に関する情報をつかんでいた。

(A) But I didn't tell him that I knew about the upcoming personnel reshuffle.
(B) So I told him that I didn't know about the upcoming personnel reshuffle.

(4)
> インターネットでたくさんレビューされている本は、買う気がなくなってしまう。

(A) I did not decide to buy the book because it was reviewed a lot on the Internet
(B) Because it was reviewed a lot on the Internet, I decided not to buy the book.

(5)
> エイドリアンが勝手に会議の資料を作るのをやめさせたかった。

(A) So I did not ask Adrian to prepare documents for the meeting next week.
(B) So I asked Adrian not to prepare documents for the meeting next week.

(6)
> ジュディスは結局、同僚のミスを上司に伝えた。

(A) Judith decided not to report her colleague's mistake to her boss.
(B) Judith could have decided not to report her colleague's mistake to her boss.

(7)
> 人事管理プログラムには、バグがたくさん残っていた。

(A) We did not find many bugs in the revised personnel management program.
(B) We found not a few bugs in the revised personnel management program.

(8)
> ICT 部門が若い技術者を1名求めている。

(A) The ICT team does not need both of those young engineers.
(B) The ICT team does not need either of those young engineers.

PART 6

話法 誰かの発話を伝える

　「誰かが言った」内容を伝えるには、直接的に引用符を用いて第三者に伝える方法（直接話法）と、話し手の立場から文を組み立てて間接的に伝える方法（間接話法）があります。例えば、Mary said, "I love you." は直接話法で、メアリが言った内容をそのまま引用しています。一方、Mary said that she loved me. にすると間接話法の表現になります。

　話し手の視点が大切で、メアリの "I love you." は話し手に向けられたものなので、間接話法では she loved me となります。

　小説や報道は話法がなければ成り立ちません。また、according to...、as reported by... などを使って情報の出所を明らかにする方法もあります。

話法＜誰かの発話を伝える＞ネットワーク

直接話法
A says, "..."
A told me, "..."

間接話法
A says that...
A told me that...

誰かの発話内容を伝える

情報の出所を示す
according to... / as reported by...

両方に使えるさまざま伝達動詞

say 言う / tell 言う / ask 尋ねる / inquire 尋ねる / remark 述べる / cry 叫ぶ / answer 答える など

[直接話法] He told me, "I visited her office yesterday."

1. 彼が「昨日彼女のオフィスを訪ねた」といったのがいつか曖昧な場合
[間接話法] He told me that he had visited her office the day before.

2. 彼が「昨日彼女のオフィスを訪ねた」のが昨日で今日それを私に伝えた場合
[間接話法] He told me that he had visited her office yesterday.

Training

日本語で示された発言を、カッコ内に適切な語句を入れて、英語で言い表してください。

(1)
「柳瀬さんがメールで『恐れ入りますが、この報告書を3日で仕上げていただけますか』と言ってきたの」
Mr. Yanase [(A)] me politely by e-mail [(B)] this report in three days.

(2)
「キャメロンが、この秋に結婚する予定だってうれしそうに言ってたよ」
Cameron [(A)] delightedly, "[(B)] to get married this autumn."

(3)
「サイモンが偉そうに、『お前、請求書を作っとけよ。俺が先方に届けるから』って言うんだ」
Simon bossily [(A)] me [(B)] the invoice for him so that he could take it to the client.

(4)
「首相は例によって『その種の献金を受けたという事実は把握しておりません』なんて答弁してね」
The Prime Minister answered as usual [(A)] he was not sure if he [(B)] such donations.

(5)
「きのう太田さんにお会いしたら、『昨夜は大変ごちそうになりました』とおっしゃっていました」
Mr. Ota told me yesterday that he really [(A)] the meal the [(B)].

(6)
「金曜日にシンディーに言われたんだけど、神田部長が、その前の週の会議の議事録を出せってさ」
Cindy [(A)] me Friday, "Mr. Kanda would like to have the minutes of the meeting [(B)]."

PART 7 仮定法構文

　過去を回想して仮想の状況を語る際には仮定法過去完了形を使い、現在のことについて仮想の状況を語るには仮定法過去形を使います。そして、未来を展望して仮定法を使う場合は仮定法過去形あるいは if 節の中に were to や should を含んだ表現をします。

　ネットワークとしてみると、現在の仮想状況を語るのが基本で、そこには「事実と異なる状況」と「可能性としてほとんどありえない状況」が想定されます。過去を向いたときは「事実と異なる状況」が、未来を向いたときは「可能性としてほとんどありえない状況」が想定されるというのがポイントです。

仮定法構文ネットワーク

仮定法構文

過去
過去を回想して仮定法（仮定法過去完了）を使う（過去の想定）
・過去の事実とは異なる（反する）仮想の状況
If you **had asked** me, I **would have told** you.
もし私に尋ねてくれていたら、私はあなたに言ったのに。

現在
現在について仮定法（仮定法過去）を使う（現在の想定）
・現在の事実とは異なる（反する）仮想の状況
If I **were** a bird, I **would fly** to you right away.
もし私が鳥だったら、あなたのそばへすぐに飛んでいくのだけれども。
・現実には起こりえない（今、起こる可能性が低い）仮想の状況
If I **won** the lottery, I **would give** most of the money to you.
もし私がクジに当たったら、そのお金のほとんどをあなたにあげるわ。

未来
未来を展望して仮定法(should、were to を含む仮定法)を使う(将来の想定)
・現実には起こりえない（将来、起こる可能性が低い）仮想の状況
Even if the sun **were to rise** in the west, I **wouldn't marry** her.
もし太陽が西から昇るようなことがあっても、僕は彼女とは結婚しない。

仮定法の慣用表現

- If it had not been for... / Had it not been for...　もし～がなかったなら
- If it were not for... / Were it not for...　もし～がなければ
- I wish I were...　私が～ならばなあ
- If only...　～さえしたらなあ
- as if...　まるで～のように
- It's time that...　～する時間です

Training ①

日本語を参考にしながら、カッコ内の語句を適切な形に変え、英語のやりとりを完成させてください。

(1)
A: I don't see when I can finish preparing these documents. I wish there [(A) be] eight days a week.
（この資料作り、ぜんぜん終わらないよ。1週間が8日あればなぁ）
B: When are they due?（締め切りはいつ？）
A: Monday morning before I leave for Osaka. If it [(B) snow] heavily and the Shinkansen [(C) stop] Monday, there [(D) be] no need for the documents.
（月曜日の朝、大阪出張へ出発するまで。当日、大雪にでもなって新幹線が止まれば、資料もいらなくなるんだけど……）
B: If only you [(E) work] overtime without going bar-hopping every night, you wouldn't have to moan like this, would you?
（毎晩飲み歩かないで少しは残業してれば、そんなふうに愚痴をこぼさずにすんだんじゃない？）

(2)
A: You've lost by a hair. How do you feel?
（惜しくも敗れてしまいましたね。今のお気持ちは？）
B: I wish I [(A) can deliver] better serves. I needed to practice more.
（もう少しサーブを決められればよかったんですが。トレーニング不足です）
A: If you didn't have that injury, you [(B) can have] practiced enough.
（例のけががなければ、十分にトレーニングできたのではと思いますが）
B: I'm upset about my injury. If I [(C) be] a little more careful... Anyway, Fernando was a very strong opponent.
（あのけがは悔やまれます。もう少し注意していれば……。いずれにせよ、フェルナンドは強敵でした）
A: If he [(D) lose] his next match, you [(E) can keep] your current place in the ranking.
（もし彼が次の試合で負ければ、あなたはランキングを維持できますが）
B: No, I hope he wins.（いや、彼には勝ってもらいたい）

Training ②

年表に示された内容に基づいて、カッコ内にに適切な語句を入れ、英語の発言や記述を完成させてください。なお、各英文に示された時期に、それぞれの発言・記述がなされたものとします。

(1)

2012年	5月	4名でバンド結成
	10月	ライブハウス Blue Moon へレギュラー出演開始
2013年	3月	Blue Moon を訪れた音楽プロデューサー（高木氏）の目に留まる
	7月	高木氏の推挙でレコード会社（Apex レコード）と契約
	12月	デビュー CD 発売
2014年	6月	佐々木淳（ギター）が脱退
	7月	佐々木の後任ギタリスト、和田浩二が加入
	8月	韓国で CD 発売
	11月	韓国ソウルでの音楽イベントに招待される
2015年	4月	韓国での人気上昇に、韓国系米国人プロデューサーが注目
	7月	米国のレコード会社と契約
	9月	米国で CD 発売

(A) "If we had not chosen to play at Blue Moon, we might [   ] met Mr. Takagi," said the band. (July 2013)
(B) [   ] Mr. Takagi's strong recommendation, the band could not have released their first CD this quickly. (December 2013)
(C) "I wish I [   ] flexible enough to keep playing with Deep Groove, which has changed its musical direction," said Jun Sasaki. (June 2014)
(D) "If I [   ] been chosen to replace Jun, I could not play in front of the audience in Seoul," said the new guitarist, Koji Wada. (November 2014)
(E) If they had not done well in South Korea, it might [   ] difficult for the band to target the U.S. music market. (April 2015)

(2)

1986年	9月	高級紳士服製造販売会社として創業
2011年	3月	業績不振から、経営陣の交代と大規模なリストラを断行
	10月	全国の直営店舗数を3分の2に減らす
2012年	3月	5年ぶりの黒字決算
	4月	高級衣料品市場から撤退し、低価格カジュアル衣料品に特化
	5月	全製品の生産を中国へ移転
	11月	業績が回復し、株価が上昇
2013年	1月	新ブランドAthlonを立ち上げ、スポーツ衣料品市場に進出
2014年	4月	プロテニスプレーヤー西田修三のスポンサード開始
	9月	西田修三が全米オープンで4強入り
2015年	4月	Athlonブランドのスポーツ衣料専門店、チェーン展開開始

(A) "I wish this nightmare [   ] not true," said one of the employees laid off at Stylish Japan, Inc. (March 2011)
(B) "If we [   ] kept the same number of people on the payroll as last year, we would [   ] run a loss again," said the CEO. (March 2012)
(C) If the company [   ] clung to domestic production, this rise in their stock price might not have happened. (November 2012)
(D) If it [   ] for the popularity of Shuzo Nishida, the Athlon brand could have failed. (April 2015)

Training ③

各イラストに描かれている事物・状況が現実であると想定して、カッコ内に適切な語句を入れ、英語のメッセージを完成させてください。

(1)

I wish I [   ] more careful.

(2)

If I [   ] a soccer player, I would be more popular with girls.

(3)

If it [   ] for the branch, I might be dead.

(4)

[   ] her support, I could not get by in this busy time.

182　Track 84

(5) It's time I [　　] on my train.

(6) If [　　] my boyfriend would call me.

(7) [　　] it not been for him, the ICT industry would be completely different.

(8) [　　] a few more minutes, I could have answered all the questions.

第4部 総合問題

Training ①

International Arrival Procedures

①
Quarantine: Go through the quarantine procedures. [(A) You are / (B) It is / (C) There is] necessary to fill in the medical questionnaire and submit it at the quarantine counter.

②
Immigration: Have your passport ready and proceed to the appropriate counter. Remove your passport from its cover [(A) when / (B) while / (C) that] presenting it.

③
Baggage Claim: Retrieve your checked-in baggage in the baggage claim area. [(A) Because / (B) As / (C) If] your baggage does not show up or is damaged, show your baggage claim tag to airline staff for assistance.

あなたは、空港の利用方法を説明する英語のウェブサイトを作っています。イラストに応じて適切な語句を選び、説明文を完成させてください。

④
Plant and Animal Quarantine: [(A) To depend / (B) Depending / (C) Depend] on the region of your departure, an import inspection may be required if you are bringing meat, fruit, animals or plants.

⑤
Customs Inspection: Proceed to customs inspection and submit your personal effects declaration card to check if the value of your belongings and cash are [(A) more / (B) over / (C) superior] than duty-free allowance.

⑥
Arrival Lobby: Check the [(A) near / (B) closest / (C) around] information display and choose your preferred means of transportation. If you are transferring to a domestic flight, proceed to the Domestic Passenger Terminal.

Training ②

それぞれの立場に身を置いて、最も適切な語句を選び、英語で SNS のメッセージを書いてください。

(1)

Averil Chen
8 hours ago

I'm with this superstar. It's [(A) the most / (B) much more / (C) more than] I could dream of.

👍 62 people like this.

Christina Firth   I wish I [(A) am / (B) were / (C) can be] there too.
8 hours ago · Like 👍 25

Ralph Thomas   Please tell him to stay [(A) until / (B) by / (C) before] I get there.
7 hours ago · Like 👍 18

Bonnie Harris   [(A) All the / (B) Whenever / (C) Every] time I see him, he gets cooler.
5 hours ago · Like 👍 10

(2)

Bill Jefferson
5 hours ago

This is all for me. What [(A) would / (B) will / (C) can] you do if you were me?

👍 18 people like this.

Dirk Green [(A) That / (B) All / (C) Although] you have to do is eat them up.
4 hours ago · Like 👍 12

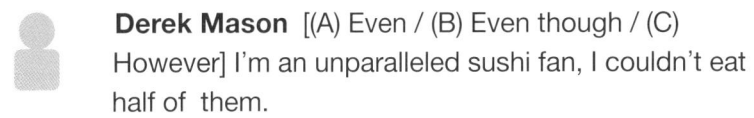

Derek Mason [(A) Even / (B) Even though / (C) However] I'm an unparalleled sushi fan, I couldn't eat half of them.
4 hours ago · Like

Julie Majors Just ask for a doggie bag.
3 hours ago · Like 👍 1

Fred Jackson If I [(A) had seen / (B) saw / (C) would see] this posting five hours ago, I would have joined you without hesitation.
15 minutes ago · Like 👍 6

(3)

Miles Holland
3 hours ago

[(A) It / (B) Where / (C) There] goes another fire truck below my window.

8 people like this.

Sam Williams It was [(A) not because / (B) but because / (C) because] a fire occurred. There was a fire drill.
2 hour ago · Like   3

J.J. King Sam, [(A) where / (B) how / (C) what] do you know?
2 hours ago · Like   3

Sam Williams I managed the drill at my company in cooperation with the FD.
2 hours ago · Like   6

Miles Holland [(A) So / (B) Now (C) Since] you posted this, the drill must be finished now.
2 hours ago · Like   2

第4部 解答・解説

Part 1 情報を並べる基本

■ Training 1
正解：(1) (C) (2) (A) (3) (C) (4) (B) (5) (A) (6) (C) (7) (A)
解説：(2) では、文の主語を構成する句を選べばよい。「……しさえすればよい」の意味の all one has to do is... を用いる。この is には通例、原形不定詞が続く。(4) では、「2分間の歩行」という名詞句を成立させる。a couple of minutes' walk は two-minute walk と言い換えることができるが、後者では minute が単数形で、かつアポストロフィーがつかない。(7) の This is not to say that... は「(こう言ったからといって) ……と言おうとしているわけではない」という意味の定型構文。

■ Training 2
正解：(1) (A) Gary (B) Hearing (2) (A) Running (B) I (3) (A) Mr. Nakao (B) Developing (4) (A) Reading (B) Erika (5) (A) Michael (B) Michael's second marriage (6) (A) It (B) Entering (7) (A) the idea (B) it (8) (A) drinking (B) it
解説：出来事が人に何らかの行動をもたらすことを言い表すには、(1) の (B) のように使役動詞 make を用いる場合や (3) の (B)、(4) の (A)、(5) の (B) のように lead を用いる場合が多い。make は目的語の直後に動詞が来る場合、原形不定詞を用いるのに対して、lead は to 不定詞を用いる点で違いがある。

■ Training 3
(1)
正解：(A) it (B) Having (C) just because (D) What
解説：(A) には日時や状況を表す it を用いる。(C) の文では、Just because... doesn't mean 〜（〜だからといって……なわけではない）という定型構文を成立させる。

(2)
正解：(A) there (B) I (C) All (D) It
解説：(A) は直後に be 動詞 is があるので、物事の存在を表す構文 there is... の形を成立させるのが妥当。この there is something... は he has something ... と言い換えることもできる。(D) には、文後半の to get along with... を受ける形式主語として it を用いる。

Part 2 情報をつなげる接続詞

■ Training 1
訳：(1) ジュリアンは敏腕弁護士だが、家庭人としてはあまりうまくいっていない。
(2) 天気が突然崩れ、野球の試合が中断した。

(3) この大臣は、すぐに発言を撤回するべきだ。さもないと辞任に追い込まれるだろう。
(4) 最終的に、このアプリは日本と米国の両方で発売されている。
(5) 定期的にジョギングすると、代謝機能が改善されるばかりか、筋力も向上する。
(6) バーバラは仕事の愚痴ばかりこぼすのはやめたほうがいい。それが嫌なら会社を辞めるべきだ。

正解：(1) (A)　(2) (C)　(3) (B)　(4) (C)　(5) (A)　(6) (B)
解説： (3) の or は「そうしないと、さもないと」の意味で、否定的な状況を表す節を導く。(4) の and は both A and B（A と B の両方）の and なので、in Japan と並列されるべき形の (C) を選ぶのが妥当。(5) では、not only A but (also) B という構文を成立させる。なお、この文の to improving および to strengthen の to は、文の述語動詞 contribute が語法上従える前置詞。contribute to... の形で「……に寄与する」の意味が表される。(6) では either A or B（A か B のどちらか）の形が用いられており、「仕事に文句を言うのをやめるか、会社を辞めるかのどちらかにすべきだ」と述べられている。

■ Training 2
訳： (1) ウォレスは、来月本社から役員が来たときにプレゼンをすることになっている。
(2) シャノンの両親は、シャノンが毎日外出している間、孫たちの面倒をみている。
(3) クリフォードは、2002 年に初めて就職して以来、ずっと経理業務に従事している。
(4) ちょうど駅前でタクシーに乗ろうとしたとき、ブライアンが自転車に乗って通り過ぎるのが見えた。
(5) レナードはゆうべ、酔いつぶれるまでウィスキーのソーダ割りを飲み続けた。
(6) 飛行機の安全が完全に確認されてから、同機は滑走路上を動き始めた。
(7) 自分のスマートフォンにメールが着信するたびに、ジェシカはメッセージをチェックする。
(8) ノートパソコンを操作しながら、ブラックウェルさんはスクリーンに映っている事柄について説明を始めた。

正解：(1) (C)　(2) (A)　(3) (B)　(4) (A)　(5) (B)　(6) (C)　(7) (A)　(8) (B)
解説： (4) では、Just as ...（ちょうど……のとき）というタイミングを表す構文を成立させる。(6) では Not until で始まる「……してから～となる、……するまで～とならない」の意味の構文が使われている。この構文では、後半の節の頭で語順が倒置され、did it begin と「助動詞＋主語＋動詞」の順になっている点に注意。(8) では同時性を表す分詞構文が用いられると考えて、Operating を選ぶのが妥当。

■ Training 3
訳： (1) キャメロンは頭痛がひどかったので、きょうは一日中ベッドから出られなかった。
(2) アンドリューは ICT の専門家なので、最近起きたメールサーバーの問題について彼に相談した。
(3) いまやジョシュアは父親の遺産を相続したので、安楽な暮らしをしている。
(4) 新たな問題が見つからなければ、修理中のプリンターは 1 週間後に戻ってくるだろう。
(5) 飲食費がひとりあたり 5,000 円以下である限り、会社の経費で食べたり飲んだりできる。
(6) マーカスはコンピュータプログラミングの能力を持っていたが、その仕事をこなせるだけの我慢強さを備えていなかった。
(7) リサの父親は 2 回手術を受けたにもかかわらず、病状が良くなっていない。
(8) 新聞各紙が首相の失政についてどれほど書き立てても、本人は決してそれを認めようとはしない。

正解：(1) (C)　(2) (B)　(3) (A)　(4) (C)　(5) (B)　(6) (A)　(7) (A)　(8) (B)
解説：(2) では理由を表す接続詞 since を用いるのが妥当。since が理由を表す節を導く場合、文頭で用いられるのが普通。(4) では、否定の条件を表す接続詞 unless（……でない限りは）を用いればよい。(7) には「……ではあるが、……にもかかわらず」の意味の even though を用いる。even if（……だとしても）と混同しがちだが、even though には事実を表す節が、even if には仮定を表す節が続く点で異なる。

Part 3 質問する・応答する

■ Training 1
訳：(1) A：知ってた？　クローディアがもうじき結婚するんだって。
　　　 B：それはよかった。
　　(2) A：来月、大阪へ行って会議に出るの？
　　　 B：状況によるね。
　　(3) A：私のメールアドレス、伝えたっけ？
　　　 B：聞いたと思うよ。
　　(4) A：キャラハン氏が次期 CEO に任命されると思う？
　　　 B：まさか。彼にはカリスマ性がないよ。
　　(5) A：明日までに全部終わらせたほうがいいですか。
　　　 B：それはお任せします。

正解：(1) (C)　(2) (B)　(3) (A)　(4) (A)　(5) (C)
解説：(2) には、「状況次第だ」と明確な返答を避ける It depends. を用いるのが妥当。(4) には強い否定を表す By no means. を用いる。(4) の (C) にある You bet. は、「もちろん」の意味の強い肯定。(5) には、相手に判断を委ねる It's up to you.（あなた次第だ）を用いるのがよい。

■ Training 2
(1)
正解：(A) what　(B) In a sense　(C) Would　(D) or　(E) let me see
解説：(A) を含む what brought you...? は理由を尋ねる表現のひとつ。(B) には「ある意味では」の意味の in a sense を用いる。この sense は「意味」を表す。(E) には返答を保留するときの決まり文句 let me see を用いるのがよい。let's see とも言う。

(2)
正解：(A) What　(B) Maybe　(C) OK　(D) Most likely　(E) It's up to you
解説：(A) を含む What seems to be the trouble?（どうしました？）は、医者が初診の患者に声を掛けるときの決まり文句。(D) の Most likely. は、高い確率であることや強い確信を表明するときによく用いられる表現。

Part 4 比べる

■ Training 1
(1)
訳：サイズについては、E フォン 7 が他の 2 機種よりも面積が小さいが、エクスペリエンス 06D が 3 機種の中で最も薄い。
コスモス SP5 が最も重量があり、E フォン 7 よりも 48 グラム重い。

コスモス SP5 は最も大画面なので、画面表示力の点で他の機種を上回っていると思われる。
コスモス SP5 を使えば、最も長い通話時間を確保できる。しかし、インターネットに接続したりゲームをした場合、他の機種ほど長時間使用することができない。
エクスペリエンス 06D にはコスモス SP5 と同程度の量のデータを保存することができる。一方、E フォン 7 には、他の 2 機種の半分しかデータを保存できない。

正解：(A) smaller　(B) thinnest　(C) heavier　(D) largest　(E) longest　(F) as　(G) as much　(H) half
解説：(B) には「薄い」の意味の thin の最上級、thinnest を当てはめるのが妥当。ちなみに日本語では、携帯機器などが薄いことを「スリム」と形容することが多いが、英語の slim は通例、幅が狭く細長いことを表す。(F) には as を入れて、not... as long as 〜（〜ほど長く……ない）という形を成立させる。(H) の half は、単に「……の半分」と言うときには half of... の形を用いるが、「……の半分の量」「……の半分の大きさ」などと言いたい場合には half the volume of...、half the size of... という形をとる点に注意したい。

(2)
訳：昼食時には、そばか天ぷらなら手ごろな価格──2,500 円未満で食べることができる。ビジネスランチで 1 万 5000 円を超える潤沢な予算があるのなら、最高級レストランもみじ亭で伝統的な日本料理を楽しむのもいいかもしれない。
同行者の数が 10 人を上回るようなら、個室を利用できる店が 2 軒ある。もし 20 人を超える人数になるなら、すき焼き・しゃぶしゃぶの店、大田原で個室を予約できる。座席の数という点では、天ぷら店の瀬川がほかのどの店をも上回っている。

正解：(A) less　(B) over / more than　(C) most　(D) more　(E) larger　(F) largest
解説：(A) には劣勢比較を表す less を用いるのが妥当。less は little の比較級で、less than... は「……未満の」の意味を表す。(B) には「……を上回る」の意味の over または more than を用いる。なお、これらは厳密には日本語の「以上」と異なり、直後に置かれる数量の値を含まない。(E)(F) には、数量や規模が「大きい」ことを表す large の比較級・最上級を用いるのが妥当。

■ **Training 2**
訳：(1) 一輪車に乗って行った幅跳びの最長記録は 2.95 メートルで、これは 2006 年 9 月にオーストリア人によって達成された。
(2) 一度にお手玉できるサッカーボールの数の最多記録は 5 個。これは 2006 年 11 月にアルゼンチン人によって達成された記録で、2014 年にオランダ人がタイ記録を作った。
(3) 最も狭い公道はドイツにある。道幅はわずか 31 センチメートル。これが計測されたのは 2006 年 2 月のこと。
(4) ベネズエラのエンジェルフォールが、最も落差の大きな滝。その落差は 979 メートルで、この高さはメインの滝と周辺の急流や小さな滝を合わせたもの。
(5) 最も重たいキャベツの重量は 62.71 キログラム。これが記録されたのは 2012 年 8 月、米国アラスカ州でのこと。
(6) 1 リットルのレモンジュースをストローを使って飲み干すのにかかる最短時間は 54.1 秒。これは 2013 年 6 月にアメリカ人によって達成された。
(7) 最も高いハンバーガーの売り値は 5,000 ドル。これは、2011 年 7 月に米国オレゴン州のレストランで出されたもの。

正解：(1) longest　(2) most　(3) narrowest　(4) highest　(5) heaviest　(6) fastest　(7) most

解説：世界記録なので、必然的にすべて形容詞の最上級を用いる。(2) の文ではボールの数が最も多いことを伝える必要があるので、many の最上級である most を用いるのが妥当。(4) には、滝の水が落下する距離を表す形容詞 high の最上級、highest を用いる。(6) には、time と結びついて所要時間が最短であることを表す fastest を用いるのがよい。shortest も可能だが、時間を争う競技の記録を表す場合には fastest が好まれる傾向がある。

Part 5 否定構文

■ Training 1
正解：(1) (B)　(2) (A)　(3) (B)　(4) (C)　(5) (A)　(6) (C)　(7) (B)

解説：(1) では、「少なからぬ、多大な」の意味を表す no small の形を成立させる。(2) の none は「ひとつもない」の意味の否定語。(3) の little は、量が「ほとんどない」ことを表す、事実上の否定語。(5) では、「決して……ではない」の意味を表す by no means を成立させる。by no means の means は「手段、方法」の意味。つまり by no means とは「いかなる方法をもってしても（駄目だ）」ということ。

■ Training 2
訳：(1) (A) でも上司は、ヤマト社からの提案を受け入れることに賛成しなかった。
(B) でも上司は、ヤマト社からの提案を受け入れないことに賛成した。
(2) (A) 彼が有名だったので、ミルドレッドは彼と結婚した。
(B) ミルドレッドは、彼が有名だから結婚したわけではない。
(3) (A) でも私は、自分が次の人事異動について知っているということを彼に話さなかった。
(B) だから私は、自分が次の人事異動について知らないということを彼に話した。
(4) (A) インターネットでたくさんレビューされているから、その本を買わないことにしたのではない。
(B) インターネットでたくさんレビューされているので、その本を買わないことにした。
(5) (A) だから私はエイドリアンに、来週の会議に向けた書類作りを頼まなかった。
(B) だから私はエイドリアンに、来週の会議に向けた資料作りをしないように頼んだ。
(6) (A) ジュディスは同僚のミスを上司に報告しないことにした。
(B) ジュディスは同僚のミスを上司に報告しないでおくこともできた。
(7) (A) 修正済みの人事管理プログラムには、大してバグがなかった。
(B) 修正済みの人事管理プログラムには、少なからずバグが見つかった。
(8) (A) ITC 班は、2 名の若い技術者たちの両方が必要なわけではない。
(B) ITC 版は、2 名の若い技術者たちが両方とも不要だ。

正解：(1) (A)　(2) (B)　(3) (A)　(4) (B)　(5) (B)　(6) (B)　(7) (B)　(8) (A)

解説：(2) の (B) にある not ... because ～は「～だから……するのではない」という意味。(4) の (A) も同様。(6) の (B) にある could have decided not to report は、「報告しないと決めることもできた（が、そうはしなかった）」ということ。(8) の (A) では both が否定されているので「両方ではない」つまり「どちらか一方のみ（が必要）」ということになる。(B) のように either が否定されると「両方とも……ない」という意味を表す。

Part 6 話法　誰かの発話を伝える

■ Training
正解：(1) (A) asked (B) to finish　(2) (A) said (B) I'm going　(3) (A) told (B) to prepare　(4) (A) that (B) had received　(5) (A) had enjoyed (B) night before　(6) (A) told (B) last week

解説：(1) では、間接話法で依頼事項を表現するので、(A) には asked を用いるのが妥当。(4) では、間接話法の that 節内の時制を answered という過去よりも前、すなわち had received と過去完了形で表現する必要がある。(5) も同様。(6) では、過去における「その前の週」を直接話法で言い表すため、last week とする。

Part 7 仮定法構文

■ Training 1
(1)
正解：(A) were (B) snowed (C) stopped (D) would be (E) had worked

解説：(A) は、現実にはあり得ないことを仮想するので、仮定法過去を用いる。仮定法過去では通例、主語が単数でも be 動詞に were が用いられる。(B)(C)(D) は起こりそうもない未来の事柄を仮定する文で、やはり仮定法過去を用いる。

(2)
正解：(A) could have delivered (B) could have (C) had been (D) lost (E) could keep

解説：(A) は過去を悔いる文なので、仮定法過去完了を用いる。(C) も同様。(D)(E) は未来の低い可能性を仮定する文で、仮定法過去を用いるのが妥当。

■ Training 2
(1)
訳：(A)「もしブルー・ムーンで演奏することを選ばなかったら、高木さんに出会わなかったかもしれない」とバンドはコメントした（2013 年 7 月）。
(B) 高木氏の強い推薦がなければ、バンドはこれほど早く最初の CD を発表できなかっただろう（2013 年 12 月）。
(C)「自分がもう少し融通が利けば、ディープ・グルーヴで演奏を続けられたんだが。バンドは音楽性を変えてしまったんだ」と佐々木淳は語った（2014 年 6 月）。
(D)「もし自分が淳の代役に抜擢されなければ、ソウルの聴衆の前で演奏することなどできなかっただろう」と新任ギタリストの和田浩二は語った（2014 年 11 月）。
(E) もし韓国で成功しなかったら、バンドが米国市場をねらうのは難しかったかもしれない（2015 年 4 月）。

正解：(A) not have (B) Without (C) were (D) had not (E) have been

解説：(B) には、否定の仮定条件を表す without（……がなければ）を用いればよい。If it had not been for と言うこともできる。(D) では、過去の事実がなかったと仮定するところなので、仮定法過去完了を用いる。

(2)
訳：(A)「この悪夢が現実でなければいいのにと思います」とスタイリッシュ・ジャパン社を解雇された従業員が語った（2011 年 3 月）。

(B)「もし弊社が昨年と同じ数の従業員を抱え続けていたら、再び赤字を計上していたでしょう」とCEOは述べた（2012年3月）。
(C) もし同社が国内生産に固執していたら、このように株価が上昇することはなかっただろう（2012年11月）。
(D) もし西田修三の人気がなければ、アスロンというブランドは失敗していた可能性がある（2015年4月）。

正解：(A) were (B) had / have (C) had (D) were not
解説：(D) では、西田修三の人気は発話時点においても高いと考えられるので、If it were not for the popularity of Shuzo Nishida, ... と仮定法過去を用いるのが妥当。

■ Training 3
訳：(1) もっと注意していたらなあ。
　　(2) サッカー選手だったら、もっと女の子にもてただろうに。
　　(3) もし、その枝がなかったら、僕は死んでいたかもしれない。
　　(4) 彼女のサポートがなければ、僕はこの繁忙期を乗り越えられないところだ。
　　(5) 電車に乗っているはずの時間だ。
　　(6) 彼氏が電話をくれさえすればいいのに。
　　(7) 彼がいなかったら、ICT業界はまったく違っていただろう。
　　(8) もう数分あれば、全問に解答できただろうに。

正解：(1) had been (2) were (3) had not been (4) Without (5) got (6) only (7) Had (8) With または If there had been
解説： (3) では、「もし、その枝がなかったら」というのは過去の事実に反する仮定なので、仮定法過去完了を用いる。一方、be dead（死んでいる）というのは現状を表す表現なので、こちらは might be dead という仮定法過去の表現になっている。(6) には、if only という仮定法の節を導く表現を用いるのがよい。(7) では、If it had not been for ...（もし……がなかったなら）という仮定法過去完了の if を省略した場合、語順が倒置されることを押さえておく必要がある。

総合問題

■ Training 1
訳：国際線で到着した際の手続き
　① 検疫：検疫の手続きを行ってください。医療関係の質問票に回答し、検疫カウンターに提出する必要があります。
　② 入国手続き：パスポートを手元に準備し、該当するカウンターへ進んでください。パスポートを提示する際には、カバーを取り外してください。
　③ 手荷物の引き取り：預けた手荷物を、手荷物引取所で回収してください。ご自分の手荷物が出てこなかったり、破損している場合には、手荷物引換証を航空会社の担当者に提示し、対応してもらってください。
　④ 動植物検疫：搭乗地によっては、肉類・果物・動植物を持ち込む場合に輸入検疫が必要になることがあります。
　⑤ 税関検査：税関検査に進み、所持品申告書を提出して、所持品の価格や現金の額が免税範囲を超えていないかチェックを受けてください。
　⑥ 到着ロビー：最寄りの表示を見て、都合のよい交通機関を選んでください。国内線へ

乗り換える場合には、国内線旅客ターミナルへ進んでください。

正解：① (B)　② (A)　③ (C)　④ (B)　⑤ (A)　⑥ (B)
解説： ①では、to fill in... と (to) submit を受ける形式主語として it を立て、It is necessary... の形を成立させる。④では、Depending on...（……によっては、……に応じて）の意味の分詞構文を用いるのがよい。⑤では、カッコの直後に than がなければ over を選ぶ。

■ Training 2
(1)
訳： エーブリル・チェン：このスーパースターと一緒。夢にも思わなかった。
　　　クリスチナ・ファース：私もその場にいられたらなあ。
　　　ラルフ・トーマス：僕が着くまでそこにいるように、彼に伝えてくれ。
　　　ボニー・ハリス：彼、見るたびにかっこよくなるわ

正解：(C) (B) (A) (C)
解説： Christina Firth の投稿文は、いまの現実に反することを仮定する文なので仮定法過去を用いるのが妥当。Bonnie Harris の文では、「……するたびに」の意味を表す every time... を成立させればよい。カッコの直後に time がなければ Whenever が正解となる。

(2)
訳： ビル・ジェファーソン：これ全部、僕ひとりのため。君ならどうする？
　　　ダーク・グリーン：ただ平らげるしかない。
　　　デレク・メーソン：僕は無類のすし好きだけど、これは半分も食べられないだろうな。
　　　ジュリー・メージャーズ：とにかく持ち帰り用にパックしてもらって。
　　　フレッド・ジャクソン：この投稿を5時間前に見ていたなら、ためらわずに君に合流したんだけどな。

正解：(A) (B) (B) (A)
解説： Bill Jefferson の投稿文では、「自分の立場に身を置いてみてくれ」という現実に反する仮定を促す文なので、仮定法過去を用いるのが妥当。Dirk Green の文では、「ただ……しさえすればよい」の意味の構文 All you have to do is... を成立させる。Fred Jackson の文では、過去の事実に反する仮定を行っているので、仮定法過去完了を用いればよい。

(3)
訳： マイルズ・ホランド：また1台、消防車が窓の下を走っていく。
　　　サム・ウィリアムズ：火事があったわけじゃない。防災訓練だったんだ。
　　　J・J・キング：サム、どうしてわかるの？
　　　サム・ウィリアムズ：僕が仕切って、消防署と協力して会社で訓練を実施したんだ。
　　　マイルズ・ホランド：君がこれを投稿したっていうことは、訓練はもう終わったんだね。

正解：(C) (A) (B) (C)
解説： Miles Holland の最初の投稿文では、乗り物などが移動していく様子を描写するのに用いる There goes... という構文を成立させるのがよい。これは物事の存在を表す There is... に動きを加味したバリエーションとも言える表現。J.J. King の文では、理由を尋ねる表現 How do you know? を成立させればよい。疑問詞 how を用いているが、実際には手段ではなく理由を聞いている。Miles Holland の2番目の投稿文では、根拠・理由を導く接続詞 since を用いる。この意味の since は、文頭で用いられることが多い。

総合トレーニング

今まで学習したことを4つのタイプの問題で総合的にトレーニングします。できるだけ、みなさん自身が自ら文をつくる機会を増やしました。また、Training 3、Training 4のように、自由に文をつくっていただくため、正解がない問題もあります。正解がないことを恐れずに、積極的に文をつくる練習にトライしましょう。

Training 1
文法的なポイントをおさえて文をつくる問題

Training 2
文法的なポイントがたくさん含まれたまとまった文章をさまざま角度から読んで理解し表現する問題

Training 3
位置関係、確信の度合いを中心に表現する写真描写問題

Training 4
4つの質問に対して回答例を参考に、ご自身の回答を考える問題

Training ①

日本語で示した状況に身を置いて、色文字の部分を英語で表現することができるかどうか確認してください。

(1) 郵便局へ行きたいのですが、場所がわかりません。通りかかった人に「郵便局へはどう行けばいいですか」と How ではじめて尋ねることができる。「郵便局」の名詞形に注意のこと。

(2) 娘の話題になり、「娘はピアノを専攻しているんです」と相手に説明することができる。「ピアノ」の名詞形に注意のこと。

(3) Which would you like, this or that?（これとあれのどっちがいい？）と聞かれました。「どっちもいやだ」と1語で答えることができる。

(4) 「(今) 何時ですか」と4種類の言い方で尋ねることができる。

(5) 今日が土曜日として「明日は日曜日です」という確定した事柄を英語で表現することができる。

(6) 今、11時です。「2時からスタッフミーティングを行います」と、スタッフに伝えることができる。会議は確定した事項であることに注意のこと。

(7) 会社のデスクで電話が鳴っています。「私、取ります」と声をかけて受話器を取ることができる。

(8) How much do I owe you?（いくらお借りしていますか）と言われて、主語をThat にし、また法助動詞のひとつを使って「100 ドルです」と答えることができる。

(9)「田中さんはどこにいるの？」と尋ねられて、100％確実ではないけれども、「たぶん 2F のミーティングルームにいると思う」と I'm not sure, but... に続けて言うことができる。推量を表す助動詞を使うこと。

(10) 空を見上げると、だんだん暗い雲が覆ってきています。「もう今にも降りそうだね」と「この分だと午後には雨になりそう」とふたつの表現を使い分けることができる。

(11) あと 1 分で電車の発車時刻だ、というので走って改札口を通り抜け、プラットフォームに着いたとき、ちょうど電車が到着して扉が開いたところでした。ほっとして「間に合った！」と英語で表現することができる。

(12) 同僚に頼みごとをしたいと思っている人から、同僚の予定を聞かれました。「彼は来週学会で発表をすることになっているから、いまとても忙しいと思うよ」と応答することができる。

(13) 相手に自分の真意を伝えようと何度も違う言葉で言ってみたけれども、なかなか伝わりません。ようやく、相手が「つまり、あなたが言いたかったことはこういうこと？」と言ってくれたので、「そうそう、それが私が言いたかったことよ」と応じることができる。

(14)「その話、おもしろい」を I を主語にした場合と、The story を主語にした場合のふたとおりで表現することができる。

(15)「この近くに地元のおいしい料理をリーズナブルな価格で食べさせてくれるレストランはありませんか」と、Excuse me, but do you know... からはじめて、関係副詞を用いてホテルの人に尋ねることができる。

(16) 友だちに「こんなわけで彼とは付き合いたくないのよ」とグチを英語で言うことができる。主語は This で始める。

(17) もんじゃ焼きの作り方ははじめての人には難しいのものです。外国人に「私がまずやってみせましょう。こんなふうにやればいいんですよ」と言って、作ってみせることができる。主語は This で始める。

(18) 探し物を見つけ、「それだよ」と言いたいとき、話が終わりにきて「これで最後です」と言いたいとき、相手の発言に対して、「そうなんだよ」と言いたいとき、３つの状況に共通の表現を使うことができる。

(19)「少し動いていただけると助かります」と would と could を用いて丁寧に頼むことができる。It... if 〜 の構文を使うこと。

(20) 髪が短くなってさっぱりした相手に「髪の毛を切ってもらったのね」と使役動詞を使って伝えることができる。

(21) 約束に遅れた人を待ちながら、「He is late. ひょっとしたら今道に迷っている (道に迷う＝ get lost) のかもしれない」と懸念を表明することができる。

(22)「何でそんな重要なことを私に話してくれなかったんだ」と怒っている相手に「あなたが私に尋ねていたら言ってたわよ」というやりとりを行うことができる。

(23)「ペット禁止のマンション（"no pets" apartment）に住んでいなかったら、犬が飼えるのに」と残念な気持ちを仮定法を使って言うことができる。

(24)「何でそんなに怒っているの？」という問いに、angry と because を用いて、「あなたが私の状況をまったく理解してないから怒っているのよ」と答えるやりとりをすることができる。

(25)「多くのヨーロッパの人にとっては英語を学ぶことは容易です」という趣旨で、English と It をそれぞれ主語にして表現することができる。

(26)「この大きな段ボール箱（carton）はとても重くて私には動かせない」という内容を英語で言うことができる。

(27)「近くのバス停（the bus stop nearby）を利用するのが、私には便利です」と it を主語にして言うことができる。

(28) 友だちが約束の時間になっても来ません。もう来るか来るかとずいぶん長い時間待たされました。やっと現れた友人に「あなたが来るまでずいぶん長いこと待っていたんだよ」と文句を英語で言うことができる。

Training ②

ある女性が、幼い頃、母親がパンを作って焼いたときのことをなつかしく思い出しながら語っています。Stepの指示の手順に従ってトレーニングを進めましょう。

Step 1 英文を読んでみましょう。
Step 2 意味のかたまり（チャンク）のところにスラッシュを入れてみましょう。
Step 3 意味がわからないところは、語注を見たり、訳を読んで確かめましょう。

When I was a little girl I used to sit in the kitchen and watch Mother bake bread. I loved to watch her throw the dough on the board, grasp it with her large, sure hands, and knead it. The dough came up between her fingers as she squeezed it. When it was just right, she smoothed it into a big flat mass and cut it into pieces. The dough went down – and then came up again as if it were breathing. She molded one part after another into loaves, dropped them into buttered pans, patted the tops with melted butter, and then popped them into the oven.

I always waited breathlessly for her to open the oven door, and when she did I was always excited by the miracle of the little white loaf growing so quickly into a big, golden-brown loaf. Then after what seemed to me almost forever, the bread was baked. When it had cooled a little, Mother often cut off a brown, crisp heel for me and spread it with butter. My mouth waters now when I think of its crispiness, its softness inside, its sweet nutlike richness.

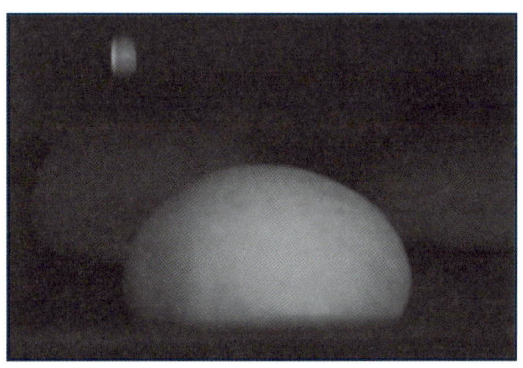

語注

dough パン生地、**on the board** 板の上に、**grasp** 握るようにつかむ、**knead** こねる、**squeeze** 握りしめる、**smooth** 平らにのばす、**flat mass** 平らなかたまり、**into pieces** 細かく、**breathe** 息をする、**mold** 形をつくる、**loaf** パンのかたまり、**buttered pans** バターをひいたフライパン、**pat** 軽くたたく、**pop... into** ひょいと～の中に入れる、**breathlessly** 息を止めて、**crisp** カリカリの、**heel** 端キレ（パンの耳）、**water** よだれがでる

訳

私が幼い頃、よく台所に座っては母がパンを焼くのを見ていました。母がパン生地をまな板に投げつけ、大きな確かな手でそれを掴み、そしてこねるのを見ているのが大好きでした。

パン生地は、母が握りしめると、指の間からぎゅっと出てきました。ちょうどいい具合になったとき、母はそれをのばして、大きな平らなかたまりにして、それを小さく切り分けました。パン生地はまるで息をしているように薄くなってはまた膨らみました。母は, 次々にパンの形にして、バターを入れたフライパンに落とし、溶けたバターで表面を軽くたたき、それからそれをオーブンの中にひょいっと入れました。

私は、いつも、母がオーブンのドアを開けるのを息を凝らして待っていました。そして、いよいよオーブンを開け、小さな白いパンを入れるとそれがあっという間に大きなきつね色のパンになる奇跡に、いつもわくわくしたものです。私にとってはこれでもかというぐらい待って、やっとパンが焼けました。それを少し冷まして、母は茶色のカリカリのパンの耳を私のために切り取り、それにバターを塗ってくれました。今でも、そのパンのカリカリさ、中の柔らかさ、その甘くてナッツのような豊潤さを思うと、私の口からはよだれがでてきてしまいます。（訳：田中茂範）

Step 4 202ページと同じ英文です。次の指示に従ってトレーニングしましょう。

Step 4-1 英文を読みながら、意味が通るように、時制と態を考慮しながら [　] の動詞を正しいかたちにしてください。

Step 4-2 空欄の中に適切な語を入れてください。

Step 4-3 日本語を表す英語にしてみましょう。

最後に、前のページを見て、確認しましょう。

When I was a little girl I (　　) (　　) sit in the kitchen and [watch] Mother [bake] bread. I loved [watch] her [throw] the dough on the board, [grasp] it (　　) her large, sure hands, and [knead] it. The dough came up (　　) her fingers as she squeezed it. (　　) it was just right, she smoothed it into a big flat mass and cut it into pieces. The dough went down – and then came up again (まるで息をしているかのように). She [mold] one part after another into loaves, [drop] them into buttered pans, [pat] the tops (　　) melted butter, and then [pop] them into the oven.

I always waited breathlessly for her to open the oven door, and when she did I was always [excite] (　　) the miracle of the little white loaf [grow] so quickly into a big, golden-brown loaf. Then after (　　) seemed to me almost forever, the bread [bake]. When it [cool] a little, Mother often cut off a brown, crisp heel for me and spread it with butter. My mouth [water] now (　　) I [think] of its crispiness, its softness inside, its sweet nutlike richness.

Step 5 英文を利用して次の質問に答えましょう。

(1) What did she love to watch?

(2) What did the dough do when her mother squeezed it?

(3) What did the dough do after her mother cut it into pieces?

(4) What was she excited by when she stood in front of the oven?

(5) What did her mother do for her after the bread had cooled a little?

(6) When does her mouth water?

MORE TRAINING

ダウンロードした音声を聞きながら内容をイメージしたり、テキストを見ないで音声のあとに声に出してついてシャドーイングしたり音読をしてみましょう。

Training 3

● 確信の度合いを表現したり位置を表現するのに便利な表現

There are (is)... / I can see... / This is... / look / seem / I'm sure that... / might / to the left (right) side of... / on the right (left) / at the back of... / next to...

(1)

ヒント

at the back of... 〜の後ろに、to the left side of... 〜の左側に、to the right side of... 〜の右側に、in the center of... 〜の真ん中に、next to... 〜の隣に、across from... 〜の向こうに、on the middle shelf (on the second shelf from the top) of... 〜の中段に（上から2段目に）

Track 92　イラスト：mustafahacalaki/iStockphoto

総合トレーニング

イラストと写真を見ながら、できるだけ詳しく描写してみましょう。まず1分くらいでどのくらい言えるか試してみて、描写例をチェックして、1分くらいを目安に何度も繰り返し、言えるセンテンスの数を増やしていきましょう。

(2)

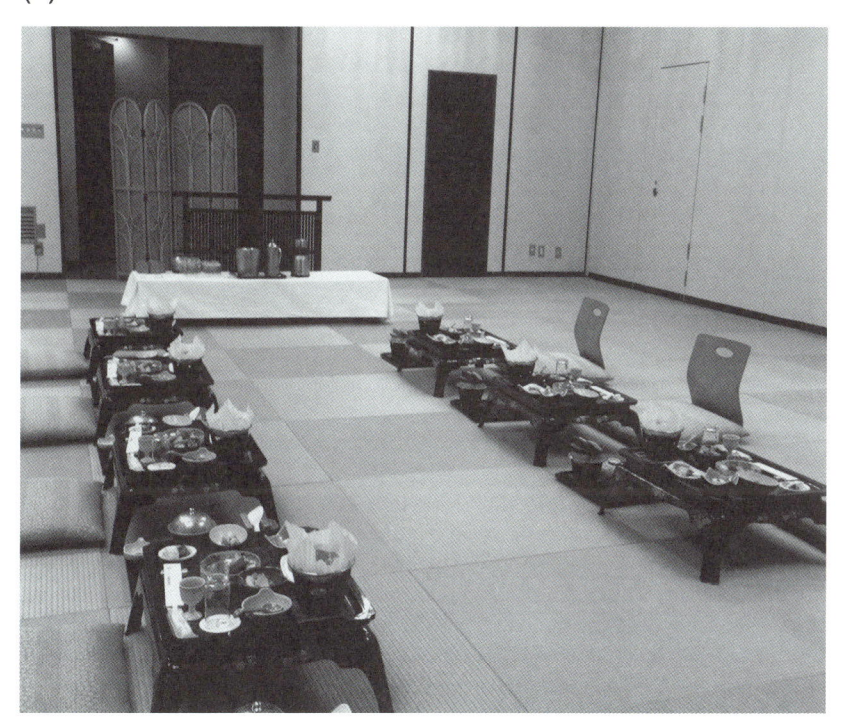

ヒント

Japanese-style banquet room 日本式の宴会場、**seems to...** 〜らしい、**a meal has been laid out** 食事は配膳されている、**a folding screen** 折りたたみ式のついたて、**at the back of the room** 部屋の奥のほうに、**small tables** 膳、小さいテーブル、**on the right** 右側に、**on each table** それぞれのテーブルの上には、**near the back** 奥のほうに

(3)

ヒント

a lot of carp たくさんの鯉、**willow tree** 柳の木、**feed** えさをやる、**platform projecting over the water** 池の中に突き出ている台（足場）、

総合トレーニング

(4)

ヒント

colums 円柱、alter 祭壇、ornate carvings 装飾的な彫りもの、in the recesses of the walls 壁のくぼみ、凹部、statues 彫像、the domed ceiling ドームになった天井、the rays of sunlight 太陽の光線

Training 4

Question 1　週末の過ごし方について
What do you usually do at the weekend?

[回答例1]　I work hard <u>on weekdays</u> and get home at nearly midnight every day, <u>so I usually</u> have a rest <u>at weekends</u> and read some books at home.

[回答例2]　<u>I go to</u> an art class. <u>I like</u> painting a lot. <u>I have been attending the class every Saturday afternoon for almost five years</u>.

[回答例3]　<u>I take part in</u> a sports club <u>every Sunday</u>. <u>I especially enjoy</u> the swimming class. <u>I can</u> swim the crawl, breaststroke, backstroke and butterfly.

[回答例4]　<u>Recently I started</u> studying Chinese, both <u>as a hobby and for practical reasons</u>. <u>I go to</u> a Chinese class every Saturday morning. Sometimes we do things like to make Chinese dumplings and there's also a calligraphy class. After I retire, <u>I'd like to try</u> ink painting, too. I hope to keep studying for a long time.

[回答例5]　<u>Since I work, I don't have time to do housework every day</u>. So <u>on Saturdays I do</u> a lot of housework—laundry, vacuuming and things like that. In the evening I try cooking new kinds of dishes for dinner. Then I have a relaxing dinner—I drink wine with my meal and watch TV shows that I recorded during the week. <u>It's fun and relaxing to</u> cook and eat good food. <u>On Sundays</u> I do various things—<u>sometimes</u> I meet friends and we go out for a meal, <u>and sometimes</u> I go and see a movie.

[自分の回答]

(1)〜(8)の質問に、複数の回答例あります。回答例の下線部を参考に、あなた自身の答えをつくってみましょう。

Question 2　故郷について

Where is your hometown? / What kind of place is your hometown? / How do you like your hometown?

[回答例1]　<u>I'm from</u> Kanagawa prefecture, <u>which is next to</u> Tokyo. Now I live near Yokohama. Yokohama is the capital city of Kanagawa prefecture, and it has one of the largest populations of any Japanese city. I sometimes envy people whose hometown is in the real countryside. <u>Sometimes I wish I had lived</u> in the countryside in my childhood, but <u>I'm satisfied with</u> city life, because I have many friends from childhood. As a result, I seldom feel lonely.

[回答例2]　<u>I was born in</u> Miyazaki prefecture, <u>which is in the southernmost of Japan's main islands</u>, Kyushu. Miyazaki is warmer than Tokyo. <u>We seldom have snow there</u>. <u>I left</u> Miyazaki <u>when I was</u> 18. <u>About 15 years have passed since I left there.</u> <u>Now I return to</u> Miyazaki <u>about twice a year</u>, in the summer holidays and the New Year's holiday. <u>I love</u> Miyazaki much more than when I was a high school student. <u>It has</u> fresh air, a comfortable and fragrant breeze, clear rivers and bright shining sun! I will return there when I'm 60 years old or so.

[自分の回答]

Question 3　インターネットショッピング

Have you ever bought something through the Internet? What do you think about Internet shopping? Why?

[回答例1] I often do my shopping on the Internet. I can save the time that it takes to go to a real shop if I buy things on the Internet. I often buy books because there are no big bookstores near my house. It's very convenient—sometimes books arrive on the same day, depending on what time I order them. I also buy dog food and plastic bottles of water, as the shops give discounts on bulk purchases. It's helpful not to have to carry heavy things.

[回答例2] I sometimes purchase airline tickets and make hotel reservations online. I can compare the prices and services of a lot of travel agencies and airlines and choose the least expensive ones. I am a member of some travel sites.

[回答例3] I've never bought anything through the Internet. I don't want to give my credit card information to strangers – it's too dangerous!

[自分の回答]

Question 4 もし人生がやり直せるとしたら

If you could go back to elementary school and live your life over again, what kind of things would you do and what would you do differently?

[回答例 1] I'm happy with my life now. If I started all over again, I think I would probably end up doing the same thing. Maybe I don't have much imagination. In any case, I'm happily married, and I'd like to continue living each day to the fullest.

[回答例 2] When I was younger I wanted to be an artist, and I'm wondering if I should have believed in myself more and kept going towards that goal. I knew that it was really difficult to make a living as a painter, so I went to law school in order to have a secure future. I don't know if that was the right decision.

[回答例 3] I think I should have applied myself more to my studies. Instead of studying hard, I was always rebelling against my parents. It would be great to study in the United States as a high school or university student and experience life in another country. If I'd studied really hard, I could have become fluent in English and made friends with people from different countries, and then I could have been a truly global person. But maybe it isn't too late.

[自分の回答]

総合トレーニング 解答・解説

Training 1

(1) 解答：How can I get to the post office?
ポイント：このように相手に問いかけるときには最寄りの郵便局のことを言っているという共通認識が聞き手との間にあるので、post office に the をつける。

(2) 解答：My daughter majors in piano.
ポイント：「ピアノ科」という意味の「ピアノ」なので不可算。どのピアノか対象を特定することは不要なので piano には the は不要。

(3) 解答：Neither.
ポイント：「ふたつのうちのどちらも〜ない」と打ち消すときには neither を用いる。

(4) 解答：What time is it? / What's the time? / Can [Could] you tell me the time? / Do you have the time?
ポイント：「何時」と特定するので、the time。ちなみに Do you have some time? といえば、「お時間はありますか」。

(5) 解答：Tomorrow is (Sunday).
ポイント：確定しているので、未来のことだけれども現在形で表す。

(6) 解答：We have a staff meeting at two o'clock.
ポイント：もうすぐ行われる確定したことなので現在形でよい。

(7) 解答：I'll get it.
ポイント：will は眼前のことに対する意志。

(8) 解答：That'll be 100 dollars.
ポイント：断定を避けて推量の will があることで表現がやわらかく丁寧になる。

(9) 解答：I'm not sure, but (he will [probably] be in the meeting room on the second floor.)
ポイント：100%は確かでないときには、現時点における推量を表す will を用いる。

(10) 解答：(It looks like) It's about to rain. / It's going to rain.
ポイント：be about to do のほうが今まさに起きそうなことを表す。

(11) 解答：I made it!
ポイント：何かの行為がなされた瞬間を表す。

(12) 解答：He is going to make a presentation at an academic conference next week, so I think he's very busy.
ポイント：be going to do には「〜することになっている」と予定を表す意味もある。

(13) 解答：That's exactly what I meant.
ポイント：That's... what が使えるかどうか。同じように「あなたのそんなところが好き」はThat's what I like about you. のように That's what... は使い道が広い。

(14) 解答：I'm interested in the story. / The story is interesting to me. / The story

interests [interested] me.
ポイント：interest は過去分詞 interested (in)、現在分詞 interesting (to) の形でともに形容詞的に使われるが、interest のままで動詞としても使われる。
(15) 解答：Excuse me, but do you know a restaurant near here where they serve delicious local food at reasonable prices?
ポイント：関係副詞の where を用いて restaurant を修飾する。where they serve... は where I can eat... でもよい。
(16) 解答：This is why I don't want to see him.
ポイント：直訳的に言えば、This is why...「これが～である理由です」で、前に述べたこと(あるいはこれから述べること) が why 以下の理由であることを表す。
(17) 解答：Now let me show you how to make *monja-yaki*. This is how to make it. / Now I'm going to show you...
ポイント：This is how to... で「こうやって～」とやり方を示すことができる。
(18) 解答：That's it.
ポイント：that は相手の発言そのもの、it は意図している内容、ねらいを表す。
(19) 解答：It would be nice [helpful] if you could move a little.
ポイント：would や could を用いると押しつけがましくなく、間接的で丁寧な印象を与える。
(20) 解答：You had your hair cut, didn't you? / Did you have your hair cut ?
ポイント：使役動詞の have を用いる。hair は cut されるので cut は過去分詞。
(21) 解答：He might have gotten/got lost.
ポイント：might have gotten / got lost だと「今も道に迷っている」というニュアンス。アメリカ英語では gotten を使うことが多い。
(22) 解答："Why didn't you tell me such an important thing?" / "If you had asked me, I would have told you."
ポイント：「相手は自分に尋ねなかった」のが過去の事実。「私に尋ねていたら」と過去の事実とは反対のことを述べる仮定法過去完了を用いる。
(23) 解答：If I didn't live in a "no pets" apartment, I could have a dog [dogs].
ポイント：「ペット禁止のマンションに住んでいるから、犬が飼えない」という現在の事実と反対のことをいう仮定法過去で表現。
(24) 解答："Why are you so angry? " / "I'm angry with you because you don't understand my situation at all."
ポイント：angry のあとには about や with がくる。人に対して怒る場合には with、ものごとに対して怒る場合には about を用いる。
(25) 解答：English is easy to learn for many Europeans. / It is easy for many Europeans to learn English.
ポイント：形容詞には「It is + 形容詞 + to do」と「主語 + BE + 形容詞 + to do」、ふたつの形で使われるものがある。(1) to do が示す状況の難易度・安全性に対する話し手の判断や評価を表すもの。dangerous (危険な) / difficult (難しい) / easy (やさしい) など。(2) to do が示す状況に対する話し手の感情的な反応・善し悪しの判断や評価を表すもの。boring (退屈な) / exciting (ワクワクする) / embarrassing (恥ずかしい) など。
(26) 解答：This big carton is too heavy for me to move.
ポイント：It is too heavy for me to move this big carton. とは言えない。なぜなら、too

215

heavy なのは this big carton であって、to move this big carton は too heavy ではないから。
(27) 解答：It is convenient for me to use the bus stop nearby .
ポイント：I'm convenient to use the bus stop nearby. とは言えない。主語の I の属性や特徴を convenient（便利な）で表すことができないから。
(28) 解答：I had been waiting for a long time when you came.
ポイント：I had been waiting と過去完了形にすることで、現れる前に長い間待ったという過去における継続の意味を表す。

Training 2

Step 2 スラッシュの例

When I was a little girl / I used to sit in the kitchen / and watch Mother bake bread. I loved to watch / her throw the dough on the board, / grasp it / with her large, sure hands, / and knead it. The dough came up between her fingers / as she squeezed it. When it was just right, / she smoothed it into a big flat mass / and cut it into pieces. The dough went down– / and then came up again / as if it were breathing. She molded one part after another into loaves, / dropped them into buttered pans, / patted the tops with melted butter, / and then popped them into the oven.
I always waited breathlessly / for her to open the oven door, / and when she did / I was always excited / by the miracle of the little white loaf / growing so quickly into a big, golden-brown loaf. Then after what seemed to me almost forever, / the bread was baked. When it had cooled a little, / Mother often cut off a brown, crisp heel for me / and spread it with butter. My mouth waters now / when I think of its crispiness, / its softness inside, / its sweet nutlike richness.

Step 5 質問への答え

(1) She loved to watch her mother throw the dough on the board, grasp it with her large, sure hands, and knead it.
(2) It came up between her fingers.
(3) It went down and then came up again, as if it were breathing.
(4) She was excited by the miracle of the little white loaf growing so quickly into a big, golden-brown loaf.
(5) She often cut off a brown, crisp heel for her daughter and spread it with butter.
(6) It waters when she thinks of the crispiness, the softness inside, and the sweet nutlike richness of the heel of the bread.

Training 3

(1) の描写・記述の例

There is a computer monitor at the back of the desk. 　コンピュータのモニタが机の奥にある。
There is a desk lamp attached to the left side of the desk. 　スタンドが机の左側に取り付けられている。

The keyboard is in the center of the desk.　キーボードは机の中央にある。
The mouse is next to the keyboard.　マウスはキーボードの隣にある。
There is a chair to the left of the desk.　椅子は机の左側にある。
There is a bookcase across from the desk.　本棚は机の向こう側にある。
There is a fishbowl on the middle shelf (on the second shelf from the top) of the bookcase.　金魚鉢は本棚の真ん中（上から2番目）の棚にある。
There is a large picture just to the left of the bookcase.　大きな絵が本棚の左側にある。
There is a clock on the wall to the left of the large picture.　時計が大きな絵の左側の壁にある。
It is one fifty-five.　1時55分です。

(2) の描写・記述の例
This is a Japanese-style banquet room.　ここは日本式の宴会場だ。
The room has a tatami mat floor.　畳敷きの部屋だ。
This seems to be a room where guests take meals at a hotel or a ryokan, which is a Japanese-style hotel.　ここはホテルか旅館（日本式のホテル）で、客が食事をする部屋らしい。
There is nobody in this room. / Nobody is here.　この部屋には誰もいない。/ ここには誰もいない。
There are seven small tables in the banquet room.　宴会場には7つの膳がある。
I can see the legless chairs.　座椅子もある。
There are four tables on the left and three on the right.　左側に4つ、右側に3つの膳がある。
A meal has been laid out on each table.　食事はひとつひとつに配膳されている。
On each table there are dishes of various shapes and sizes.　それぞれの膳の上にはいろいろな形や大きさの皿がのっている。
There is a long table near the back with the various items on it.　後方にはいろいろなものがのった長いテーブルがある。
There is a folding screen at the back of the room.　部屋の奥には折りたたみ式のついてがある。
As the meal has already been prepared, the dinner guests are probably coming soon.　食事の準備ができているので、もうすぐこの部屋に夕食を取る人々が入ってくると思われる。

(3) の描写・記述の例
This is a park with a pond.　ここは池がある公園だ。
I can see a big willow tree by the pond.　池のそばには1本の大きな柳の木がある。
There is a platform projecting over the water.　池に突き出た台がある。
There are nine people on the platform.　台には9人の人がいる。
Some people are standing and some are kneeling.　立っている人もいればかがんでいる人もいる。
A lot of big carp are swimming in the pond.　池にはたくさんの大きな鯉が泳いでいる。
A woman seems to be feeding the carp.　ひとりの女性が鯉にエサをやっている。
Some people are watching the woman feeding the carp.　何人かの人が女性が鯉にエサをやっているのを見ている。
A lot of carp are gathering around the food.　たくさんの鯉がエサのほうへ集まってきている。
A man is taking a photo of a kneeling woman.　男性がかがんでいる女性の写真を撮っている。
Judging from the tree and the people's clothing, it might be early spring.　木や人々の着ている服から判断すると、もしかすると早春かもしれない。
The sun is shining, but it looks a little chilly.　太陽は輝いているが少し肌寒いように見える。
The landscaping style looks Asian.　造園形式はアジア風のようだ。

(4) の描写・記述の例

I'm sure that this is inside of a church.　ここはきっと教会の内部だと思う。
The church is large and has a high ceiling.　教会は大きくて天井が高い。
There are a lot of people standing in the church.　教会の中で立っている人が大勢いる。
The church interior seems to be made of marble.　教会の内部は大理石で作られているように思える。
There are ornate carvings in the walls and ceiling.　壁や天井には凝った装飾的な彫り物がある。
There are statues in the recesses of the walls.　壁のくぼみには彫刻がある。
The domed ceiling above the altar is decorated with paintings.　祭壇の上のドーム状の天井には絵が描かれている。
There are rays of sunlight coming in through a high window on the right side.　右側の高い窓から太陽の光が差し込んでいる。
There is a crucifix behind the altar.　祭壇の後ろには十字架がある。
I don't think this church is in Japan.　この教会は日本の教会ではないと思う。
This church might be in Italy or France.　この教会はイタリアかフランスにあるのかもしれない。
I'm wondering when this church was built.　この教会はいつ建てられたものかしら。

Training 4

Question 1 週末には普通何をしていますか。

[回答例1]の訳 平日は仕事が忙しく毎日ほとんど深夜に帰宅します。それで普通週末は家で休んで、本を読んでいます。

[回答例2]の訳 絵の教室に通っています。絵を描くのがとても好きなのです。ほとんど5年近く土曜日の午後に教室に通っています。

[回答例3]の訳 毎週日曜日にスポーツクラブに通っています。特に水泳のクラスを楽しんでいます。クロール、平泳ぎ、背泳ぎ、バタフライで泳ぐことができます。

[回答例4]の訳 趣味と実益を兼ねて、最近、中国語を始めました。土曜日の午前中に中国語の教室に行っています。そこでは、餃子をつくったり、書道のクラスもあるんですよ。退職後に水墨画もやってみたいのです。長く続けられればいいなあ、と思っています。

[回答例5]の訳 仕事をしているので毎日、家事をする時間がありません。それで、土曜日は、洗濯、掃除などの家事をします。夜はいろんな料理にチャレンジします。そして、ゆっくりとワインを飲みながら食事をとり、その週に録画したテレビ番組を見ながら過ごします。おいしいものを作って食べます。とても楽しく、リラックスしますよ。日曜日はいろいろなことをします。友だちと会って食事をすることもあれば、ときには映画を見に行ったりします。

Question 2 あなたの故郷はどこですか？ / どんなところですか？ / 故郷のことをどう思っていますか？

[回答例1]の訳 私は東京の隣の神奈川県の出身です。そして現在横浜の近くに住んでいます。横浜は神奈川県の県庁所在地で、日本で最大の人口をもつ都市のひとつです。私はときどき田舎に故郷がある人がうらやましくなります。そして子どもの時に田舎で暮らしていたらなあ、と思います。でも私は都会の生活に満足しています。幼なじみがたくさんいるし、めったに孤独感を抱かないからです。

[回答例 2] の訳 私は宮崎県で生まれました。宮崎県は九州という日本の南にある大きな島にあります。東京よりも暖かです。雪はめったに降りません。私は 18 のときに宮崎を離れました。宮崎を出ておよそ 15 年が過ぎました。今では 1 年に 2 回ほど、夏休みと冬休みに帰省しています。私は高校生のときよりもずいぶん宮崎が好きになりました。新鮮な空気、心地よくでかぐわしいそよ風、澄んだ川、明るく輝く太陽！ 60 歳かそこらになったら宮崎に戻るつもりです。

Question 3　インターネットで買い物をしたことがありますか。インターネットでのショッピングをどう思いますか。それはなぜですか。

[回答例 1] の訳 私はしばしばインターネットでショッピングをします。ネットで買えば、お店に行く時間を節約できますからね。大きな本屋が近くにないので、本はよく買いますね。頼む時間帯によってはその日に届くことがあり、とても便利です。まとめ買いすると値段が安くなるので、ドッグフードやペットボトルの水なども購入しています。重いものを運ぶ必要もないので助かります。

[回答例 2] の訳 ときどきインターネットで飛行機のチケットを購入したり、ホテルを予約します。いろいろな旅行代理店や航空会社の値段やサービスを比較して、価格的に一番低いものを選べるからです。いくつかのトラベルサイトの会員にもなっています。

[回答例 3] の訳 私はインターネットでものを買ったことはありません。クレジットカードの情報を知らない人に渡したくないですね。あまりにも危険すぎます！

Question 6　もしあなたが小学生に戻って人生をやり直せるとしたら、どんな違うことをやりたいですか？

[回答例 1] の訳 現在の生活に満足しています。もう一度やり直すとしても、同じ道をたどるような気がします。想像力がないのかな。どちらにしても現在の結婚に満足しているし、一日一日を大切に生きていきたいと思います。

[回答例 2] の訳 私は若いころ芸術家になりたかったので、自分を信じて美術の道に進めばよかったかもしれないと思っています。絵描きになって生活していくのは非常に厳しいのはわかっていて、将来の生活を考えて法学部に進んだんですが、それで本当によかったのか、よくわかりませんね。

[回答例 3] の訳 もっとちゃんと勉強をしておけばよかったな、と思います。一生懸命に勉強するのでなく、親に反抗ばかりしていましたから。高校か大学で、アメリカに留学し、海外での生活を体験できたら素晴らしいでしょうね。猛烈に勉強して、英語も何不自由なく話し、いろいろな国の人と友だちになり、世界を股にかけて活躍できる人間になっていれば……。でも、まだ遅くはないか。

『表現英文法[増補改訂版]』との対応インデックス

話すための表現英文法トレーニング		
第1部　名詞の文法	15	
Part 1　名詞形を選ぶ	16	
Part 2　数量を表す	22	
Part 3　前から情報を追加する [前置修飾]	24	
Part 4　後ろから情報を追加する [後置修飾]	28	
Part 5　代名詞・指示詞を使う	34	
Part 6　名詞節「〜ということ」「〜かということ」	36	
第2部　動詞の文法	51	
動詞のふたつの重要ポイント		
1. テンス（時制）とアスペクト（相）	52	
2. BE / HAVE / -ING のネットワーク	53	
Part 1　現在のことについて語る	54	
Part 2　過去を回想して語る	60	
Part 3　未来を展望して語る	66	
Part 4　話し手の態度を表す [法助動詞]	70	
Part 5　態　対象に視点を置いて語る	74	
Part 6　「動詞＋α」の8つの型	80	
Part 7　形容詞構文　判断・評価を加える	86	
第3部　副詞の文法	105	
Part 1　強弱濃淡のアクセントをつける	106	
Part 2　発話態度を表す	110	
Part 3　さまざまな情報を表す	116	
§1　時間	116	
§2　場所	118	
§3　頻度	120	
§4　様態・付帯状況	122	
§5　手段・道具	124	
§6　目的・結果	126	
Part 4　空間的意味を表す前置詞	128	
Part 5　副詞の位置	134	
第4部　情報配列と構文	151	
Part 1　情報を並べる基本	152	
Part 2　情報をつなげる接続詞	158	
Part 3　質問する・応答する	164	
Part 4　比較構文	168	
Part 5　否定構文	172	
Part 6　話法　誰かの発話を伝える	176	
Part 7　仮定法構文	178	

	表現英文法 [増補改訂版]	
	第 1 部　名詞の文法	
	Chapter 1　対象のとらえ方を示す冠詞	25
	Chapter 2　数詞と数量詞	61
	Chapter 3　前置修飾	84
	Chapter 4　後置修飾	103
	Chapter 5　代名詞	141
	Chapter 6　名詞節	164
	第 2 部　動詞の文法	
	Chapter 1　テンス（時制）とアスペクト（相）	172
	Chapter 3　動詞のタイプ	
	Unit 11　have の世界	272
	Unit 12　be の世界	276
	Unit 13　-ing の力	280
	Chapter 1　テンス（時制）とアスペクト（相）	
	Unit 2　現在単純形	173
	Unit 3　現在進行形	180
	Unit 4　現在完了形と現在完了進行形	184
	Chapter 1　テンス（時制）とアスペクト（相）	
	Unit 5　過去単純形	193
	Unit 6　過去進行形	197
	Unit 7　過去完了形と過去完了進行形	200
	Chapter 2　未来を語る表現	206
	Chapter 4　話し手の態度と法助動詞	289
	Chapter 5　態　能動態と受動態と中間態	342
	Chapter 6　動詞のスクリプトと構文	362
	Chapter 7　形容詞構文	405
	第 3 部　副詞の文法	
	Chapter 1　副詞的表現の機能と位置　　　Unit 2　　修飾機能	430
	Chapter 1　副詞的表現の機能と位置　　　Unit 3　　状況に関する情報表示機能	435
	Chapter 2　豊かな意味を生み出す副詞的表現	443
	Unit 1　「時間」を表す副詞的表現	272
	Unit 2　「場所」を表す副詞的表現	443
	Unit 3　「頻度」を表す副詞的表現	448
	Unit 4　「様態」を表す副詞的表現　　Unit 6　「付帯状況」を表す副詞的表現	454
	Unit 5　「手段・道具」を表す副詞的表現	455/458
	Unit 7　「目的」を表す副詞的表現　　Unit 8　「結果」を表す副詞的表現	457
	Chapter 3　前置詞	460/461
	Chapter 1　副詞的表現の機能と位置　　Unit 4　副詞的表現の位置とそのはたらき	438
	第 4 部　情報配列と構文	
	Chapter 1　語順　情報配列のテンプレート	561
	Chapter 2　情報連結詞	566
	Chapter 3　文のタイプ　Unit 2 疑問文	602
	Chapter 4　比較構文	631
	Chapter 5　否定構文	654
	Chapter 6　話法	671
	Chapter 7　仮定法構文	679

田中茂範（たなか　しげのり）

慶應義塾大学環境情報学部教授。コロンビア大学大学院博士課程修了。NHK 教育テレビで「新感覚☆キーワードで英会話」(2006 年)、「新感覚☆わかる使える英文法」(2007 年) の講師を務める。また、ベネッセの小学生向け英語学習教材の BE-GO（現在、Challenge English）の監修、『E ゲイト英和辞典』（ベネッセ）代表編者。JICA で海外派遣される専門家に対しての英語研修のアドバイザーを長年担当。著書に『コトバの「意味づけ論」―日常言語の生の営み』（共著 / 紀伊國屋書店）、『チャンク英文法』、『英語の発想と基本語力をイメージで身につける本』（いずれも、共著 / コスモピア）、『そうだったのか★英文法』『英語のパワー基本語 [基本動詞編]』、『英語のパワー基本語 [前置詞／句動詞編]』『パワー基本語トレーニング 1000』『語彙を増やす★英単語ネットワーク』『これなら話せる★チャンク英会話』『表現英文法 [増補改訂版]』（コスモピア）などがある。

岡本茂紀（おかもと　しげき）

上智大学外国語学部英語学科卒業。語学系出版社数社で、長年にわたり語学雑誌・一般語学書・英語テキストなどの企画・編集・制作に従事。英国系教育出版社マクミラン・ランゲージハウスで編集長を務めたのち、独立。現在、語学出版編集業務を行うオフィス LEPS 代表、出版制作会社ザインでエディトリアル・ディレクターを兼務。

話すための表現英文法トレーニング

2015 年 5 月 10 日　第 1 版第 1 刷発行
2015 年 5 月 20 日　第 1 版第 2 刷発行

監修・著：田中茂範　　著：岡本茂紀

装丁：見留 裕

校閲：王身代晴樹

英文校正：ソニア・マーシャル、イアン・マーティン

写真提供：iStockphoto、コスモピア編集部

本文イラスト：あべゆきこ、近藤敏範

発行人：坂本由子
発行所：コスモピア株式会社
　　　　〒 151-0053　東京都渋谷区代々木 4-36-4　MC ビル 2F
　　　　営業部：TEL: 03-5302-8378 email: mas@cosmopier.com
　　　　編集部：TEL: 03-5302-8379 email: editorial@cosmopier.com
　　　　http://www.cosmopier.com/（会社・出版物案内）
　　　　http://www.cosmopier.net/（コスモピアクラブ）
　　　　http://www.kikuyomu.com/（多聴多読ステーション）
　　　　http://www.e-ehonclub.com/（英語の絵本クラブ）

印刷：シナノ印刷株式会社

©2015　Shigenori Tanaka / Shigeki Okamoto

本書には電子書籍版があります。電子書籍版は、弊社オンラインショップからご購入いただけます。
詳細は、弊社ホームページ http://www.cosmopier.com をご覧ください。

PC、タブレット PC、スマホの３種類で活用できる！

音声付き電子版

話すための 表現英文法トレーニング

本体 1100 円＋税

本書の内容がすべて電子版でご覧になれます。この電子版は ActiBook 対応で、ビューワーは無料でダウンロードできます。PC、タブレット PC、iPhone、アンドロイドなどのスマホにも対応しているので、ご自分の生活スタイルにあわせて３種類の電子版を使い分けることができます。お求めは下記からどうぞ。

http://www.cosmopier.net/shop/

本書と一緒にご活用ください！

表現英文法 [増補改訂版]

田中茂範 著

従来の文法の問題点、「全体像が欠如しているために、知識がバラバラのままで運用能力につながらない」「説明力が不足しているために『なるほど、わかった』という納得に至らず文法が嫌いという結果になってしまう」を解決するために、本書は、文法項目の羅列ではなく、英文法を全体から捉え直して、詳細な説明とともに、再編成・体系化しようとしたものです。

わかるから使えるへ
表現英文法 [増補改訂版]
GFE
田中茂範 著
Grammar for Expression
本物がここにある。
本書を読むまでには、もう英文法は語れない。
ますます内容充実！
表現する視点に立ち英文法を体系化

本体 **2000** 円＋税
A5 版 722 ページ
★ [電子版] もあり

文法の全体図

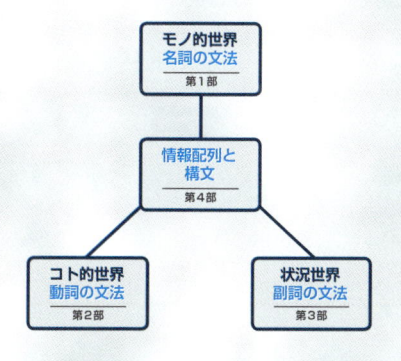

- モノ的世界 名詞の文法 ── 第1部
- 情報配列と構文 ── 第4部
- コト的世界 動詞の文法 ── 第2部
- 状況世界 副詞の文法 ── 第3部

改訂のポイント

・説明が不十分だった箇所を丁寧に補足
・例文を必要に応じて追加
・前回取り扱いきれていない項目についての新たな書き下ろし
・英文の自然さを吟味

出版案内

田中茂範先生のなるほど講義録①
そうだったのか★英文法
Aとthe、thisとthatで迷ったらこれ！

ネイティブにとって文法とは、知らないうちに獲得した直観。「決まり事だから覚えなさい」ではなく、「もっとわかりやすくシンプルに説明できるはず」という著者の思いを形にした1冊。日本人がいだくさまざまな疑問に、授業スタイルの話し言葉で合理的に回答します。冠詞も時制も、やっかいな助動詞も読めば納得。

著者：田中 茂範
B6判書籍262ページ

定価 本体1,500円＋税

田中茂範先生のなるほど講義録②
英語のパワー基本語[基本動詞編]
Haveやtakeで困ったらこれ！

やさしい基本動詞を、ネイティブはいろいろな意味に使いこなします。先生はイラストで基本動詞のコアイメージを明らかにし、たくさんの例文を挙げて本質を鮮明に浮かび上がらせます。「いろいろ」ではなく、1本の筋が通っていることが見えてきます。音声講義はホームページから無料ダウンロード。

著者：田中 茂範
B6判書籍208ページ

定価 本体1,500円＋税

田中茂範先生のなるほど講義録③
英語のパワー基本語[前置詞 句動詞編]
On、in、at…で悩んだらこれ！

日本人の苦手な項目トップ3に入る「前置詞」と、どれも似たように見えがちな「句動詞」を徹底攻略。先生は句動詞を「基本動詞」＋「空間詞」と定義し、それぞれのコアイメージを合体させてアプローチ。10の動詞から生まれる80の句動詞をクリアに押さえる本書は、英語学習者必携。

著者：田中 茂範
B6判書籍264ページ＋
CD-ROM
（MP3音声410分）

定価 本体1,700円＋税

田中茂範先生のなるほど講義録④
パワー基本語トレーニング1000
「わかった！」と納得したら、次は実践！

講義録②と③で取り上げた基本語を自由自在に使いこなすためのトレーニング本。「気づき」「関連化」「理解」「産出」「自動化」の5つの目的に沿って、イラストクイズ、似たもの動詞の使い分け、3秒返しエクササイズなど多彩なメニューを用意。映画のワンシーンや小説の一部も学習素材です。

著者：田中 茂範
B6判書籍204ページ＋
CD-ROM
（MP3音声220分）

定価 本体1,600円＋税

田中茂範先生のなるほど講義録⑤
語彙を増やす★英単語ネットワーク
ワクワク感が語彙増強の原動力！

私たちの脳は関連づけて覚えることが得意。そこで「環境と原発」「気候」「政治」「経済」「料理」など、10のトピック別に関連語を整理し、ネットワーク化しました。先生の解説でニュアンスの違いや語源も学べ、単語を「使い切る」力がつきます。音声5時間分はホームページから無料ダウンロード。

著者：田中 茂範
B6判書籍298ページ

定価 本体1,600円＋税

田中茂範先生のなるほど講義録⑥
これなら話せる★チャンク英会話
「文を作らない」がスピーキングの決め手！

会話は思い浮かんだ断片＝「チャンク」をそのまま口に出し、言葉をつないでいくもの。日常会話の慣用表現840と、チャンクをつなぐチャンキング・テクニックをマスターすれば、英会話はグンと楽になります。本書で「頭の中で完璧な文を組み立ててからでないと口に出せない症候群」脱却。

著者：田中 茂範
B6判書籍296ページ＋
CD-ROM
（MP3音声158分）

定価 本体1,700円＋税

全国の書店で発売中！　　www.cosmopier.com